U04461989

中德先进职业教育合作项目（SGAVE项目）建设成果

湖州市"十四五"高等学校一流专业（新能源汽车技术）建设成果

新编21世纪高等职业教育精品教材

汽车类

新能源汽车驱动电机及控制技术

主　编◎范天赐　黄　锋　杨俊伟

副主编◎郑方平　赵若愚　刘昌胜

叶永平

中国人民大学出版社

·北京·

图书在版编目（CIP）数据

新能源汽车驱动电机及控制技术／范天赐，黄锋，
杨俊伟主编. -- 北京：中国人民大学出版社，2024.
11. --（新编21世纪高等职业教育精品教材）. -- ISBN
978-7-300-33175-1

Ⅰ. U469.720.3
中国国家版本馆 CIP 数据核字第 2024NK9700 号

中德先进职业教育合作项目（SGAVE项目）建设成果

湖州市"十四五"高等学校一流专业（新能源汽车技术）建设成果

新编21世纪高等职业教育精品教材·汽车类

新能源汽车驱动电机及控制技术

主　编　范天赐　黄　锋　杨俊伟

副主编　郑方平　赵若愚　刘昌胜　叶永平

Xinnengyuan Qiche Qudong Dianji ji Kongzhi Jishu

出版发行	中国人民大学出版社		
社　　址	北京中关村大街 31 号	邮政编码	100080
电　　话	010 - 62511242（总编室）	010 - 62511770（质管部）	
	010 - 82501766（邮购部）	010 - 62514148（门市部）	
	010 - 62515195（发行公司）	010 - 62515275（盗版举报）	
网　　址	http://www.crup.com.cn		
经　　销	新华书店		
印　　刷	北京七色印务有限公司		
开　　本	787 mm×1092 mm　1/16	版　　次	2024 年 11 月第 1 版
印　　张	12.25	印　　次	2024 年 11 月第 1 次印刷
字　　数	262 000	定　　价	39.00 元

前言 >> PREFACE

党的二十大报告明确指出，中国式现代化"是人口规模巨大的现代化"，"是全体人民共同富裕的现代化"，"是物质文明和精神文明相协调的现代化"，"是人与自然和谐共生的现代化"，"是走和平发展道路的现代化"。新能源汽车产业作为物质文明的标志，未来必将成为中国式现代化的重要组成部分。新能源汽车产业不仅承担着交通运输、发展绿色低碳循环经济的职责，还承担着发展现代制造业、满足人民日益增长的消费需求、提高人民幸福指数的任务。新能源汽车产业的快速发展，导致新能源汽车产业对技术技能型人才的需求也在不断增大。为了满足新形势下对专业人才培养的需求，我们编写了《新能源汽车驱动电机及控制技术》一书。在本书的编写过程中，我们以学生为中心，以任务为引领，力求做到学生知识、能力、素质的协调发展。

本书力求体现如下特点：

（1）内容丰富：本书为了便于学生更好地进行新能源汽车驱动电机及控制技术相关知识的学习，在编写过程中穿插了很多实际图片及素材，并配备了相应的习题，以提高教材的可读性。

（2）项目引领：本书编写时结合新能源汽车企业针对驱动电机及控制技术岗位需求，以真实工作项目为引领，体现行动导向的教学观。

（3）能力本位：本书以任务为核心，突出技能性，增强了技能训练的目的性与针对性，以进一步提高学生的动手操作能力。

本书可作为职业院校新能源汽车技术专业的教学用书，也可作为新能源汽车制造设计、维修保养培训用书和相关技术人员的参考书。

本书由湖州职业技术学院范天赐和黄锋、深圳风向标教育资源股份有限公司杨俊伟担任主编，湖州职业技术学院郑方平和赵若愚、浙江公路技师学院刘昌胜、长兴职教集团雉山校区（长兴职教中心）叶永平担任副主编。其中，范天赐负责项目4的编写，黄锋负责项目2的编写，赵若愚负责项目3的编写，郑方平负责项目5的编写，刘昌胜负责项目1的编写，叶永平提供了本书中吉利帝豪车型的技术资料及故障案例。本书中的视频资源由深圳风向标教育资源股份有限公司赞助支持拍摄。

在本书编写的过程中，编者参阅了大量的教材、网站资料等，在此对相关作者表示感谢。由于编者水平有限，书中难免有不足之处，敬请同行、专家和广大读者指正。

编者
2024 年 8 月

目录 >> CONTENTS

项目 1 # 新能源汽车驱动电机概述

🚗 **项目导读**

在当今日益关注环境可持续性和能源危机的背景下，新能源汽车作为一种环保、高效的出行方式，正受到越来越多人的关注和青睐。无论是电动汽车的加速性能、续航里程，还是环保性能，驱动电机都扮演着至关重要的角色。在本项目中，您将了解到驱动电机的电学知识、分类、结构和工作原理，以及其在新能源汽车中的应用。

那么驱动电机有哪些类型？由哪几部分组成？它的工作原理是什么？通过本项目的学习，相信读者可以找到答案。

🚗 **学习目标**

❷ **知识目标**

1. 能叙述电磁的基本概念。
2. 能描述电磁的相关定律。
3. 能描述新能源汽车对驱动电机的要求。
4. 能描述驱动电机的分类、结构及工作原理。

❷ **技能目标**

1. 能够通过实验来验证驱动电机的电磁理论。
2. 能够认知不同的驱动电机。
3. 能够实物认知驱动电机的各个组成部件。

❷ **素养目标**

1. 培养搜集和整理相关资料的能力。
2. 培养爱国主义情怀和工匠精神。
3. 培养团队协作、吃苦耐劳和严谨细致的工作态度。

学习导图

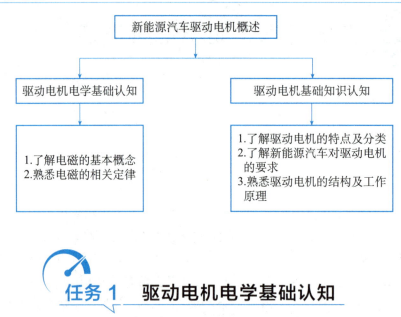

新能源汽车驱动电机概述

├─ 驱动电机电学基础认知 ──> 1.了解电磁的基本概念
│   2.熟悉电磁的相关定律
│
└─ 驱动电机基础知识认知 ──> 1.了解驱动电机的特点及分类
                          2.了解新能源汽车对驱动电机的要求
                          3.熟悉驱动电机的结构及工作原理

任务 1　驱动电机电学基础认知

知识储备

　　磁场和电场相互作用，为人类的生产和生活提供了重要的支持和推动力。发电机利用磁场和电场的相互作用产生电能，电动机则是通过电能驱动磁场的变化实现机械能转换。变压器通过磁场的感应传递电能，继电器利用磁场的开闭实现电路的控制。扬声器则利用磁场与电流交互作用产生声音，而磁悬浮列车则利用磁场的反排斥现象实现悬浮运行。磁场与人类的现代生产技术和生活方式息息相关，紧密联系。

一、磁场的基本概念

1. 磁场

　　磁极之间的相互作用力是通过环绕在磁体周围的磁场进行传递的。磁场是一种特殊的物质属性，存在于磁体的周围空间。类似于电场，磁场也是物质实体的一种表现形式，是客观存在的实体，具有携带力和能量的特性。

　　如图 1-1 所示，指南针的小磁针"指南""指北"行为揭示了地球本身具有磁性，就像一个巨大的磁体一样。小磁针的北极端指向地球的磁场南极，而南极端指向地球的磁场北极。地磁南极位于地理北极附近，而地磁北极则位于地理南极附近。两者之间的偏差被称为磁偏角，这个偏角的大小在不同地点会有所不同。在中国，磁偏角的最大值可以达到 11°，基本在 0°和 10°之间变动。

　　就像我们可以通过放置一个测试电荷来检验电场的存在一样，我们也可以利用磁极之间的相互作用力特性，借助小磁针来验证某个磁体周围是否存在磁场。当我们将一个

图1-1 指南针

小磁针放置在某个区域时，如果它受到力的作用并且指向特定的方向，这暗示着该区域存在磁场。这种方法类似于电场检验中的原理，通过观察小磁针的行为，我们可以确认周围是否存在磁场，如图1-2所示。

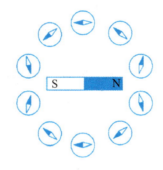

图1-2 小磁针在磁场中的方向

人们规定磁场的方向为：在磁场中的任意点，如果我们放置一个小磁针，则它的北极指向的方向即为该点的磁场方向。

2. 磁力线

磁场是一种特殊的物质，无法直接被肉眼观察到。人们利用在磁场作用下排列成特定图案的铁屑，形成一系列闭合的曲线，以此来描述这种磁场。这些形象的曲线被称为磁力线。

磁力线的特点包括以下几个：

（1）每个磁力线上的切线方向与该点的磁场方向一致；

（2）磁力线从磁体的外部的北极指向南极，在磁体内部则从南极指向北极；

（3）每条磁力线都是封闭的曲线，而且任意两条磁力线不会交叉；

（4）磁力线的疏密程度表现了磁场强度的大小。

这些特点可以帮助我们更好地理解磁场的性质，以及如何将其可视化，从而使磁场这一抽象概念更具体且易于理解。图1-3所示分别为条形磁铁和蹄形磁铁的磁力线。

当一个特定区域内的磁场既具有相同的强度又具有相同的方向时，我们称这部分磁场为均匀磁场。这意味着在这个区域内，无论在何处测量，磁场的强度都是一致的，并且它的方向也保持一致。

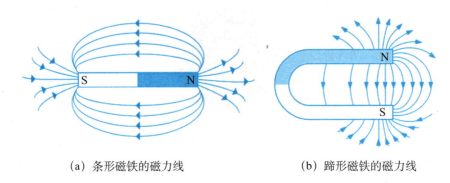

(a) 条形磁铁的磁力线　　　　　　(b) 蹄形磁铁的磁力线

图 1-3　条形磁铁和蹄形磁铁的磁力线

3. 磁感应强度

磁感应强度是一个物理量，用来描述磁场的强度和方向。它表示在给定点处的磁场的强度有多大，以及磁场线的分布情况。磁感应强度的单位是特斯拉（T）或高斯（Gs），它可以用来量化磁场的强弱。

磁感应强度也被称为磁通量密度或磁通密度。具体而言，磁感应强度 B 可以用公式（1-1）表示：

$$B = \Phi / A \tag{1-1}$$

式中：

B——磁感应强度；

Φ——通过某个表面的磁通量；

A——这个表面的面积。

这个公式表明，磁感应强度与磁通量成正比，而与表面的面积成反比。这意味着在给定磁通量的情况下，磁感应强度会随着表面积的减小而增加。

4. 磁通量

磁通量是用来描述磁场通过某个表面的数量的物理量，它衡量了磁场的穿透程度。磁通量通常用希腊字母 Φ（phi）表示，单位是韦伯（Weber，Wb）。

磁通量的大小取决于磁场的强度以及垂直于磁场方向的表面积。当磁场线垂直穿过一个表面时，磁通量的计算可以通过公式（1-2）表示：

$$\Phi = B \cdot A \cdot \cos(\theta) \tag{1-2}$$

式中：

Φ——磁通量；

B——磁感应强度（磁场强度）；

A——表面的面积；

θ——磁场线与法线（垂直于表面的线）之间的夹角。

如果磁场线垂直于表面，夹角 θ 为 0，$\cos(0)$ 等于 1，此时磁通量等于磁感应强度乘以表面积。如果磁场线与表面平行，夹角 θ 为 90°，$\cos(90)$ 等于 0，此时磁通量为 0，因

为磁场线没有穿透表面。

5. 磁导率和磁场强度

磁导率是一个物质的性质，用来描述该物质对磁场的响应能力。它表示了一个物质在存在磁场时，其相对于真空的磁场传导性能。磁导率通常用希腊字母 μ（mu）表示，其单位是亨/米（H/m）。

真空中的磁导率称为真空磁导率，常用符号为 μ_0。其值是 $\mu_0 = 4\pi \times 10^{-7}$ H/m。这个值对比的是在真空中，物质不存在时的磁场传导性能。

不同材料的磁导率可以有很大的变化。非铁磁材料，如空气、铜、铝等，其磁导率与真空磁导率相近。而铁磁材料，如铁、镍、钴以及其合金，其磁导率通常会显著大于真空磁导率，这意味着它们在磁场中能更有效地导引磁场线。

磁场强度是描述磁场的一个物理量，它表示在某一点磁场的强度有多大。磁场强度通常用字母 H 表示，单位是安培/米（A/m）。

磁场强度与磁场感应强度之间存在一定关系。磁场强度 H 是指在特定点的磁场产生的总磁力与单位长度的比值。而磁感应强度 B 则是表示磁场中磁通量通过单位面积的量，它和磁场强度 H 之间的关系通过公式（1-3）表示：

$$H = B/\mu \tag{1-3}$$

式中：

H——磁场强度；

B——磁感应强度；

μ——磁导率。

二、磁路及其基本定律

1. 磁路的概念

电动机和变压器是能够将能量转换为不同形式的装置，它们利用磁场作为媒介来实现这种能量变换。为了在电机学和工程分析中简化复杂的电磁场问题，我们通常采用磁路和等效电路的方法进行分析。

磁场的磁通量，也就是磁场线的数量，会通过特定的路径传递。这个路径被称为磁路。磁路可以类比于电路中电流流动的路径，它是磁通量在磁性材料中传递的轨迹，帮助我们理解磁场的传递和分布。磁路的存在使得我们能够更好地描述磁场的行为，尤其在分析磁性材料和磁性设备时，磁路的概念能够帮助我们更好地理解和预测磁场的影响。图1-4所示为三种常见的磁路，其中图1-4（a）所示为电磁铁的磁路，图1-4（b）所示为变压器的磁路，图1-4（c）所示为直流电机的磁路。

在电动机和变压器中，线圈常常绕在铁心上。当线圈中有电流通过时，其周围（包括铁心内外）会产生磁场。由于铁心具有较好的导磁性能，因此大部分的磁通量会集中在铁心内部传导，形成主要的磁路，这个路径被称为主磁路。同时，也会有少量的磁通量穿过部分铁心和空气，闭合形成漏磁通量，这部分磁通量的路径被称

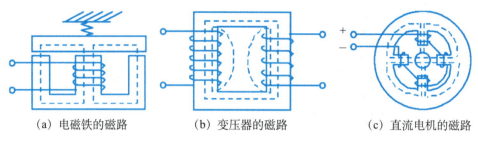

|（a）电磁铁的磁路|（b）变压器的磁路|（c）直流电机的磁路|

图 1-4　常见的磁路

为漏磁路。

在这些装置中，产生磁通量的电流被称为励磁电流。根据励磁电流的性质，我们可以将磁路分为两种类型：直流磁路和交流磁路。

直流磁路：当励磁电流是恒定不变的直流电流时，所产生的磁场也是恒定的，因此形成了直流磁路。这种磁路在直流电机等设备中常见。

交流磁路：当励磁电流是变化的交流电流时，所产生的磁场也会随着时间变化。这种磁路在交流电机、变压器等设备中常见。

2. 全电流定律

麦克斯韦将安培环路定律进一步推广为全电流定律，该定律描述了在磁路中的磁场分布与通过闭合路径上的电流之间的关系。磁场强度 H 沿任意闭合曲线的线积分，等于穿过此曲线限定面积的全电流，可用公式（1-4）表示为：

$$\oint H \cdot \mathrm{d}l = I \tag{1-4}$$

式中：

H——磁场强度；

$\mathrm{d}l$——闭合曲线上的微元线段；

I——穿过该曲线所限定面积的全电流，包括传导电流和位移电流。

如果电流的方向与闭合路径的环形方向遵循右手螺旋定则（简称右手定则），则电流 I 取正号；如果电流的方向与闭合路径的环形方向相反，则电流 I 取负号。当沿着闭合回路进行观察时，我们发现磁场强度矢量 **H** 的方向始终与路径的切线方向一致，而且其大小在整个路径上都相等。这表示在闭合路径内部，磁场强度在不同点的方向和强度是相同的，不会出现局部的变化，可用公式（1-5）表示：

$$HL = NI \tag{1-5}$$

式中：

H——磁场强度；

L——磁场走的路径；

N——线圈匝数；

I——电流。

3. 磁路的欧姆定律

磁路的欧姆定律是一个类比于电路的概念，用来描述磁场强度与磁通量之间的关

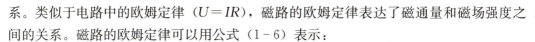

系。类似于电路中的欧姆定律（$U=IR$），磁路的欧姆定律表达了磁通量和磁场强度之间的关系。磁路的欧姆定律可以用公式（1-6）表示：

$$F_m = NI = HL = \Phi R_m \qquad (1-6)$$

即

$$\Phi = F_m / R_m$$

式中：

F_m——作用在铁心磁路上的安匝数，$F=NI$，称为磁路的磁动势；

R_m——磁路的磁阻（单位：A/Wb），$R_m=L/(\mu S)$。

磁路中的欧姆定律可以帮助我们计算磁路中的磁通量、磁场强度和磁阻之间的关系。在设计磁路和计算磁路参数时，我们可以使用磁路中的欧姆定律来优化磁路的性能，提高磁路的效率和减小磁路的损耗。

电路定律，比如欧姆定律，是描述电路中电流和电压行为的定律。欧姆定律表明电流（I）等于电压（U）除以电阻（R）。电压可以被看作是推动电流的力量，而电阻则是阻碍电流的力量。电阻的大小取决于材料的电导率和形状。

尽管在形式上，磁路定律和电路定律看起来相似，但它们描述的是两种完全不同的物理现象。磁路与电路的区别和联系见表 1-1。磁路定律是关于磁场和磁通量的，而电路定律是关于电流和电压的。尽管在数学表达式上它们有相似之处，但在物理意义上，这两种现象是不同的。

表 1-1　磁路与电路的区别和联系

磁路	电路
磁通量 Φ	电流 I
磁阻 $R_m=L/(\mu S)$	电阻 $R=\rho(L/S)$
磁导率 μ	电阻率 ρ
磁动势 $F_m=NI$	电动势 U_E
磁路欧姆定律：$\Phi=F_m/R_m$	电路欧姆定律：$I=U_E/R$

三、电磁感应

1. 产生感应电流的条件

如图 1-5 所示，当导体棒 AB 沿切割磁力线方向运动时，电流表中指针会向一边偏转，证明有感应电动势产生，并产生感应电流。

如图 1-6 所示，当磁棒插进线圈时，电流计的指针发生了偏转；当磁棒从线圈内抽出时，电流计的指针发生了反向偏转。

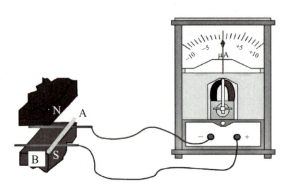

图 1－5　电磁感应实验一

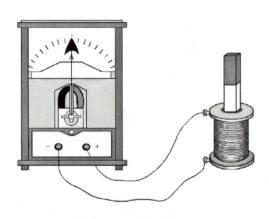

图 1－6　电磁感应实验二

当闭合电路中的部分导体切割磁力线运动时，会根据法拉第电磁感应定律产生感应电流。这种情况下，感应电流的产生是由磁通量的变化引起的。换句话说，闭合电路中的磁通量发生变化是产生感应电流的先决条件。

在实际分析中，我们可以根据需要选择使用哪种说法，但它们都指向同一个核心概念：闭合电路中的磁通量发生变化会导致感应电流产生。因此，产生感应电流的条件可以总结为以下两点：首先，电路必须是闭合的且通电的；其次，穿过闭合电路的磁通量必须发生变化。这两个条件是产生感应电流所必需的要素。

2. 电磁感应原理

（1）电磁感应定律。

1831 年，法拉第通过他的实验发现了电磁学中最为重要的定律，即电磁感应定律。这个定律揭示了磁通量的变化与产生感应电动势之间的密切关系。

1）如果在闭合的磁路中，磁通量随着时间的变化而发生变化，那么这个变化将导致绕在磁路中的线圈中产生感应电动势；

2）感应电动势的大小与磁通量的变化率成正比，即用公式（1－7）表示：

$$e = -N \frac{\Delta \Phi}{\Delta t}$$

（1－7）

式中：

e——感应电动势；

N——线圈匝数；

$\Delta\Phi$——单匝线圈磁通量变化量；

Δt——线圈中磁通量变化所用的时间。

（2）导体在磁场中的感应电动势。

电磁感应定律揭示了一个重要的原理，即磁场的变化会引发感应电动势的产生。如果保持磁场不变，但让导体在磁场中移动，从导体的角度来看，磁场仍然是在变化的，因此根据法拉第电磁感应定律，这种运动同样会在导体内产生感应电动势。这表明无论是磁场本身变化，还是导体相对于磁场的运动，都可以诱发感应电动势的产生，从而产生感应电流。如图1-7所示，这种导体在磁场中运动产生的感应电动势的大小由公式（1-8）给出：

$$e = BLv \tag{1-8}$$

式中：

e——感应电动势；

B——磁感应强度；

L——导体棒的长度；

v——导体棒相对磁场的垂直速度。

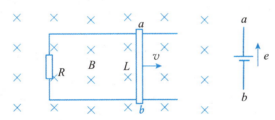

图1-7　B、L、v 与 e 之间的关系

（3）载流导体在磁场中的电磁力。

将一个导体放置在恒定磁场中，并使导体通过电流，将在导体上产生一种电磁力，这种力被称为洛伦兹力或安培力。如图1-8所示，载流导体受力的大小与导体在磁场中的位置有关。当导体与磁力线方向垂直时，所受的力最大，这时电磁力 F 与磁通量密度 B、导体长度 L 以及通电电流强度 I 成正比，用公式（1-9）表示：

$$F = BIL \tag{1-9}$$

式中：

F——安培力；

B——磁感应强度；

I——通过直导线的电流强度；

L——磁场中直导线的长度。

当导体与磁力线平行时，$F=0$。在其他位置，导体所受的力介于两者之间。电磁

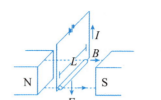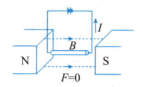

图 1-8　载流导体在磁场中的电磁力

力的方向可由左手定则确定，图 1-9 给出了 F、B 与 I 三者之间的方向关系。

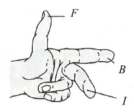

图 1-9　F、B 与 I 三者之间的方向关系

3. 楞次定律

通过图 1-10 中的实验观察，我们可以总结出以下关于感应电流和磁场变化之间的规律：

（1）当将磁铁的 N 极插入线圈时，磁通量增加，感应电流的磁场与磁铁的磁场方向相反，电流方向从上到下，如图 1-10（a）所示。

（2）当将磁铁的 N 极拔出线圈时，磁通量减少，感应电流的磁场与磁铁的磁场方向相同，电流方向从下到上，如图 1-10（b）所示。

（3）当将磁铁的 S 极插入线圈时，磁通量增加，感应电流的磁场与磁铁的磁场方向相反，电流方向从下到上，如图 1-10（c）所示。

（4）当将磁铁的 S 极拔出线圈时，磁通量减少，感应电流的磁场与磁铁的磁场方向相同，电流方向从上到下，如图 1-10（d）所示。

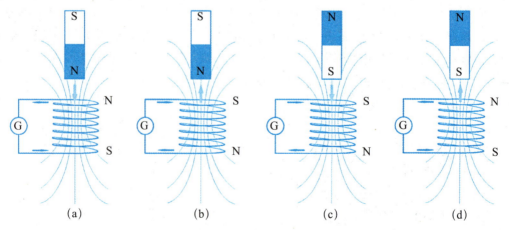

图 1-10　感应电流方向

根据这些观察，楞次在 1834 年提出了楞次定律，它概括为：感应电流的磁场总是要阻碍引起感应电流的磁通量的变化。这一定律意味着无论是增加磁通量还是减少磁通量，感应电流产生的磁场都会与磁通量变化引起的磁场方向相反，从而抵抗磁通量的变化。

右手定则和楞次定律可用来判断感应电流的方向，两种方法的本质是相同的，所得的结果也是一致的。右手定则适用于判断导体切割磁力线的情况，而楞次定律是判断感应电流方向的普遍规律。

4. 自感和互感

（1）自感。

在图 1-11（a）所示的实验中，当开关闭合的瞬间，A 灯正常发光，而 B 灯逐渐变亮。这是因为开关闭合的瞬间，通过线圈 L 的电流突然增大，穿过线圈 L 的磁通量也随着增大。根据电磁感应定律，线圈 L 中必然产生一个较大的感应电动势来阻碍线圈 L 中的电流增加，即 B 灯中的电流是逐渐增加的，要比 A 灯亮得迟缓一些。

在图 1-11（b）所示的实验中，当开关合上时，A 灯正常发光，如果接着将开关断开，在断开的瞬间，A 灯会发出更强的光，然后再慢慢熄灭。这是因为开关闭合待电路稳定后又突然断开的瞬间，线圈 L 中的电流突然减小，根据电磁感应定律，线圈 L 中也必然产生一个较大的感应电动势来阻碍线圈 L 中的电流减小，使 A 灯发出短暂的强光，然后再熄灭。

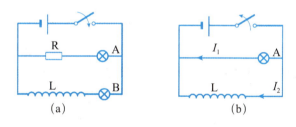

图 1-11 自感实验

从上述实验和分析可以得出结论：当通过线圈的电流发生变化时，它产生的磁场也随之发生变化。因线圈本身存在磁通量，电流变化导致线圈内的磁通量也随之变化。这种变化的磁通量在线圈内引发感应电动势，而这个电动势的方向总是与原来电流变化的方向相反，它试图阻碍电流的变化。这一现象称为自感现象，简称自感。在自感现象中，产生的感应电动势被称为自感电动势。自感是一种特殊的电磁感应现象，由法拉第电磁感应定律就能推导出自感电动势 e_L 大小的计算公式，用公式（1-10）表示：

$$e_L = -N\frac{\Delta\Phi}{\Delta t} = -\frac{\Delta\Psi}{\Delta t} = -L\frac{\Delta i}{\Delta t} \qquad (1-10)$$

式中：

Δi——线圈中的电流变化量；

Δt——线圈中电流变化了 Δi 所用的时间；

L——线圈的自感系数，简称电感；

e_{L} ——自感电动势；

N——线圈匝数；

$\Delta \Phi$——单匝线圈磁通量变化量；

$\Delta \Psi$——多匝线圈磁通量变化量。

其中，$\dfrac{\Delta i}{\Delta t}$ 称为电流变化率，自感电动势的大小与电流变化率成正比。公式中的负号表示自感电动势总是企图阻碍电流的变化。

自感现象在生活和实际生产中普遍存在，凡是涉及导线、线圈的设备都会受到自感的影响。只要电流发生变化，无论是突然的增加还是减小，都会引发自感电动势。这种现象在一些情况下可能会对设备产生不利影响，而在另一些情况下则成为设备正常运作的基础。

因此，在设计和应用中，必须充分考虑自感现象。了解自感的影响，合理设计电路，采取必要的措施来减小不利影响，同时充分利用自感，可以更好地发挥电磁现象的特性，使设备能够稳定运行并实现预期的功能。

在电路中，自感现象指的是当电路断开或切换时，线圈中会产生巨大的自感电动势，这可能导致线圈的绝缘层击穿或周围空气电离，从而引发危险情况。为了解决这个问题，常常采用导线对折再双线并绕的方法来消除自感，如图 1-12 所示。这种方法的原理是将电流通入的两个线圈绕向保持相同，但电流方向相反。这样，两个线圈在同一时间内会产生相等大小但方向相反的感应磁场，它们互相抵消。因此，这种配置下，线圈不再表现出电感特性，它在电路中只起到一个电阻的作用。这种特殊的绕线电阻被称为无感电阻，因为它的设计使其不再受到自感电动势的影响，从而降低了危险性。

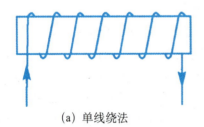
(a) 单线绕法

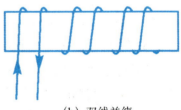
(b) 双线并绕

图 1-12　绕线电阻的绕线方式

自感现象可以用于稳定电路中的电流，并在某些应用中利用线圈的特性来实现一些有用的功能。一个常见的例子是电感镇流器，它用于荧光灯电路中。

如图 1-13 所示，在荧光灯电路中，电感镇流器利用线圈的自感作用来实现以下过程：

①初始启动：当打开电灯开关时，电路开始工作。起初，电流尚未建立，线圈的自

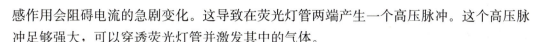

感作用会阻碍电流的急剧变化。这导致在荧光灯管两端产生一个高压脉冲。这个高压脉冲足够强大，可以穿透荧光灯管并激发其中的气体。

②气体激发：高压脉冲通过荧光灯管中的气体，将气体电离并激发起辉器放电。这就是荧光灯开始发光的原因。

③稳定运行：一旦荧光灯点亮，电流会变得稳定。此时，线圈的自感作用不再产生大的电压脉冲，而是维持电流的稳定流动，以保持荧光灯的亮度。

总之，利用线圈的自感现象，电感镇流器可以实现电路中的电流稳定和荧光灯的启动。

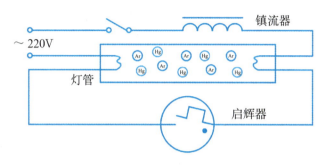

图 1 - 13 荧光灯电路图

（2）互感。

互感是一种电磁现象，它发生在两个相邻的线圈（通常称为 L_1 和 L_2）之间，当其中一个线圈中的电流发生变化时，会导致另一个线圈中产生感应电动势。

如图 1 - 14 所示，当我们合上或断开开关时，线圈 L_1 中的电流发生变化，这一变化的电流产生一个变化的磁场。这一变化的磁场不仅影响了线圈 L_1 本身，还会扩散到附近的线圈 L_2。这部分磁场通过线圈 L_2，产生了互感磁通。

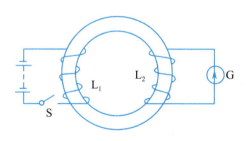

图 1 - 14 互感实验

互感磁通的变化也导致了线圈 L_2 中的感应电动势的产生。因此，当线圈 L_1 中的电流变化时，线圈 L_2 中就会产生感应电动势，这表现为电流计指针的偏转或者其他相应的电压或电流的变化。

反之，如果线圈 L_2 中的电流发生变化，也会导致线圈 L_1 中产生感应电动势。这种相互的电磁感应现象被称为互感现象，而产生的感应电动势被称为互感电动势（通常用 e_M 表示）。

大量实验表明，线圈 L_2 中的互感电动势的大小不仅与线圈 L_1 中的电流变化率有关，还与多个因素相互作用。这些因素包括：

①电流变化率：电流在线圈 L_1 中的变化率对互感电动势的大小有直接影响。更快的电流变化将导致更大的互感电动势。

②线圈结构：线圈的结构参数，如匝数、线圈的形状和尺寸，也会影响互感电动势。通常情况下，线圈 L_2 的结构参数决定了它对来自线圈 L_1 的互感响应的敏感性。

③相对位置：线圈 L_1 和 L_2 之间的相对位置对互感的效应很重要。它们越接近，互感效应越强烈；它们相对较远，则互感效应可能较弱。

④磁介质的磁导率：如果两个线圈之间有磁介质（如铁心或空气），磁介质的磁导率也会对互感产生影响。不同的磁介质具有不同的磁导率，这将改变互感电动势的大小。

理论和实践证明，线圈 L_2 的互感电动势可以用公式（1-11）表示：

$$e_M = -M \frac{\Delta i}{\Delta t} \tag{1-11}$$

式中：

Δi——线圈 A 中的电流变化量；

Δt——线圈 A 中电流变化了 Δi 所用的时间；

M——线圈 L_1、L_2 之间的互感系数；

e_M——互感电动势。

互感系数是一个重要的参数，它决定了两个线圈之间的互感效应。这个系数受到多个因素的影响，包括线圈的几何形状、尺寸、匝数、它们之间的相对位置以及磁介质的磁导率。

对于线性电感，互感系数通常是一个常数，即它不随着线圈中的电流大小而变化。这意味着，无论线圈中的电流强度如何，互感系数保持不变。这种线性互感效应使得互感关系相对简单，可以通过数学公式来描述，通常使用符号 M 来表示。

总之，互感系数取决于线圈的特性以及它们之间的相对位置和磁介质的特性，对于线性电感来说，它是一个常数，与电流大小无关。

互感也是一种电磁感应现象，互感电动势的方向仍可用楞次定律来判断。

互感现象在电工和电子技术领域中有广泛的应用。它可以方便地将信号从一个线圈传递到另一个线圈，从而实现信号的耦合和传输。互感原理被广泛用于制造变压器、感应线圈等设备，这些设备在能量转换、信号隔离和信号传输方面起着重要作用。

然而，互感也可能引入线圈之间的相互干扰，影响电路的正常工作。为了解决这个问题，通常需要考虑如何减少互感效应。一种方法是通过合理的设计，使得两个线圈相距足够远，或者将它们垂直放置。这样做可以有效地减少互感效应的影响，从而保证电路的性能和稳定性。

因此，互感现象既有广泛的应用，又需要在设计中考虑如何管理和控制它的影响。在电磁设备和电路设计中，充分了解互感的特性以及如何优化线圈的布局，可以帮助我们更好地利用互感效应，同时避免不必要的相互干扰。

学习测试

一、填空题

1. 磁极之间的相互作用力是通过环绕在_____周围的_____进行传递的。磁场是一种特殊的物质属性，存在于_____的周围空间。

2. 磁感应强度是一个物理量，用来描述磁场的_____和_____。

3. 磁路的欧姆定律是一个类比于电路的概念，用来描述磁场_____与_____之间的关系。

4. 楞次在 1834 年提出了楞次定律，它概括为：感应电流的磁场总是_____引起感应电流的磁通量变化。

5. 当通过线圈的电流发生变化时，它产生的_____也随之发生变化。因线圈本身存在磁通量，电流变化导致线圈内的_____也随之变化。这种变化的磁通量在线圈内引发感应电动势，而这个电动势的方向总是与原来电流变化的方向_____，它试图阻碍电流的变化。这一现象称为自感现象。

二、判断题

1. 磁场是物质实体的一种表现形式，是客观存在的实体，但不携带力和能量。（　　）

2. 每个磁力线上的切线方向与该点的磁场方向一致。（　　）

3. 铁磁材料的磁导率通常会显著小于真空磁导率。（　　）

4. 导体切割磁场就会产生感应电流。（　　）

5. 荧光灯就是利用互感原理实现工作的。（　　）

三、选择题

1. 磁极之间的相互作用力是通过环绕在磁体周围的（　　）进行传递的。
   A. 磁场　　　　　　B. 电场　　　　　　C. 空气　　　　　　D. 信号

2. 磁感应强度 B 可以用（　　）表示。
   A. $B=\Phi \cdot A$　　B. $B=\Phi+A$　　C. $B=A/\Phi$　　D. $B=\Phi/A$

3. 下列关于磁场强度的描述，错误的是（　　）。
   A. H 表示磁场强度　　　　　　　　B. μ 表示磁导率
   C. $H=\mu/B$　　　　　　　　　　　　D. B 表示磁感应强度

4. 载流导体在磁场中受电磁力的作用，电磁力的大小与（　　）无关。
   A. 磁感应强度　　B. 电压强度　　C. 电流强度　　D. 导线的长度

5. 感应电流的磁场总是（　　）引起感应电流的磁通量变化。
   A. 阻碍　　　　　　B. 促进　　　　　　C. 等于　　　　　　D. 无关

四、简答题

1. 磁力线的特点有哪些?

2. 产生感应电流的必要条件有哪些?

3. 根据楞次定律,画出图 1-15 中各电路的电流走向。

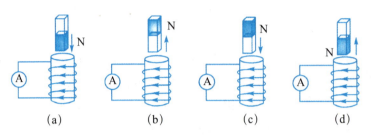

(a)　　　　　(b)　　　　　(c)　　　　　(d)

图 1-15　画出电流方向

4. 根据图 1-16 中两幅图详细描述自感现象。

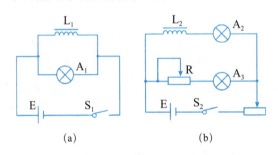

(a)　　　　　　　(b)

图 1-16　描述自感现象

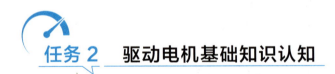

任务 2　驱动电机基础知识认知

知识储备

　　电动机是一种装置,能够将电能有效地转化为机械能。在电动机中,电场和磁场被用作耦合场来实现能量转换,而由于磁场在空气中储能密度较高,因此绝大多数电动机采用磁场作为主要的耦合场,利用电磁感应原理来实现能量的转换过程。电动机中的磁场强弱和分布对其性能、体积和重量有着重要的影响。因此,优化磁场设计和控制是提高电动机性能和效率的关键要素。通过精心调整磁场的特性,我们能够实现更高效、更紧凑、更轻量化的电动机设计,以适应不同应用场景并推动电动交通和工业领域的可持续发展。

　　驱动电机负责给整车提供驱动的力量,是新能源汽车驱动系统的核心部件之一,如图 1-17 所示。

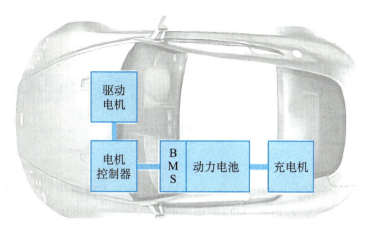

图 1-17 新能源汽车主要部件

一、驱动电机概述

1. 驱动电机的作用

知识微课堂

新能源汽车驱动
电机的类型

电机，也被称为电动机、动力电机或驱动电机，是一种能够将电能转化为机械能，并且可以将机械能转化为动能的电气设备。它通常用来驱动其他装置。在纯电动汽车中，电机作为唯一的动力来源，能够产生扭矩，并驱动汽车前进或后退。此外，电机还可以充当发电机的角色，例如在高坡下滑、高速行驶或制动过程中，电机将势能或动能转化为电能，实现能量的回收和再利用。

2. 驱动电机的特点

（1）体积小，功率密度大。

在新能源汽车中，由于整车空间有限，驱动电机的结构必须紧凑且尺寸较小。这意味着电机系统（包括驱动电机和电机控制器）的尺寸受到严格限制。电机制造商需要采取各种方法来减小驱动电机的体积，这要求提高电机的功率密度和转矩密度。特别是对于民用乘用车，其对电机尺寸的限制非常严格。因此，在行业中，通常选择具有高功率密度的永磁同步电机作为驱动电机的解决方案。

（2）效率高，高效区广，重量轻。

新能源汽车的驱动电机具有第二个重要特点，即高效率、宽广的高效区和轻量化。提升驱动电机的效率是为了解决新能源汽车续航里程的瓶颈问题。通过确保每一度电都能够最大限度地转化为有用能量，可以有效地提升车辆的续航能力。续航里程提升的方法如图 1-18 所示。

（3）安全性强，舒适度高。

从汽车用户的角度出发，新能源汽车的驱动电机除了考虑性能和续航能力外，还需要关注电机的安全性和舒适度。

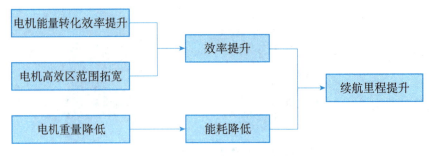

图 1-18　续航里程提升的方法

安全性在这里指的是电机的可靠性，即电机在各种恶劣环境和工作条件下能否稳定运行。为了测试电机的安全性能，可以使用高低温箱等试验设备进行测试，模拟不同的环境条件来验证电机的可靠性。保证电机在各种情况下都能正常工作，是确保车辆稳定性和用户体验的重要因素之一。

舒适度是指在电机运行时驾驶员和乘客是否会产生不良体验。这包括关注电机在运行时产生的振动和噪声情况。电机的运行振动和噪声可能会影响乘坐的舒适度，因此需要采取措施来降低这些影响，提供更好的驾驶体验。这可以通过优化电机的设计、减少机械振动、采用隔音材料等方式来实现。

安全性与舒适度提升的方法如图 1-19 所示。

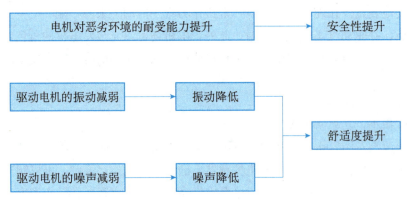

图 1-19　安全性与舒适度提升的方法

3. 新能源汽车对驱动电机的要求

与传统工业驱动电机有所不同，电动汽车的驱动电机需要具备以下特点，以适应频繁的启动/停车、加速/减速操作，以及在低速/爬坡时提供高扭矩，在高速行驶时提供低扭矩，并具备广泛的变速范围。

（1）高功率密度和轻量化。

为了优化车辆的载重空间，降低其总质量，并减少运行过程中的能源消耗，我们需要尽可能减轻和缩小驱动电机的重量和体积。使用铝合金作为电机外壳、使控制设备和冷却系统轻便化和小型化都是可行的策略。

在可接受的条件下，尽可能使用高电压系统，这样可以进一步缩小驱动电机、控制器以及导线等设备的体积，特别是能够降低逆变器的成本。

（2）快速响应。

电动汽车驱动电机需要具备快速启动和停车的能力，能够迅速响应驾驶员的指令。

（3）高扭矩输出。

在低速和爬坡等特殊道路条件下，电动汽车需要驱动电机能够提供高扭矩输出，以确保良好的动力性能。

（4）宽速度范围。

驱动电机应具备广泛的变速范围，能够在低速和高速条件下运行，并且在不同速度范围内保持高效率。

（5）高可靠性。

为确保电动汽车的行驶安全，驱动电机必须具备高可靠性。它需要在各种工况下稳定运行，包括启动、停车、加速、减速和不同道路条件下的运行。高可靠性的驱动电机能够提供稳定的动力输出，减少故障风险，确保车辆正常运行，保障驾驶员和乘客的安全。

（6）安全性能高。

新能源汽车的驱动电机和动力蓄电池组等强电部件的工作电压超过 300V，对电气系统和控制系统的安全性提出了更高要求。驱动电机需要符合相关的车辆电气控制安全标准和规定，确保在高电压环境下安全、可靠地运行。这包括防止短路、漏电、过电流等故障，并采取紧急切断电源等安全措施，以保障驾驶员和乘客的安全。

（7）低成本和低噪声。

为了降低新能源汽车的使用成本并实现节能环保目标，驱动电机的使用寿命应与车辆一致。此外，驱动电机还需要具备以下特点：耐温和耐潮性能好，运行噪声低，结构简单，成本低，适合批量生产，使用和维护方便。

（8）能量回收功能。

能量回收系统对于提高电动汽车的能量利用效率至关重要，因此对驱动电机及电机控制器有较高的要求。

二、驱动电机的分类、结构及工作原理

1. 驱动电机的分类及结构

电动汽车常用电机有多种类型，包括直流电机、交流异步电机、永磁同步电机和开关磁阻电机等。这些类型的电机各有特点，可根据车辆需求和设计要求选用适合的电机类型。

（1）直流电机（DCM）。

直流电机是一种可以实现直流电能和机械能互转的设备。如图 1-20 所示，其基本构造包括以下几个部分：

定子（固定部分）：定子装设有一对直流励磁的主磁极 N 和 S。这两个磁极产生了

电机内部的磁场。

转子（旋转部分）：在转子上装设的是电枢铁心。它置于定子产生的磁场中，并且可以在电流的作用下，相对于定子旋转。

电枢线圈：电枢线圈由 A 和 X 两根导体连接而成，放置在电枢铁心上，其起始和结束端分别连接到两个圆弧形的铜片（换向片）上。

换向器：这是由两个互相绝缘的圆弧形铜片（换向片）构成的一部分。换向器固定在转轴上，并且与转轴之间保持绝缘。换向器的作用是在电枢线圈旋转时，改变电流的方向，以维持转子在一个方向上的旋转。

电刷：在换向器上放置有一对固定不动的电刷 B_1 和 B_2。电刷的作用是将外部电路（如电源、负载等）与旋转的电枢线圈连接起来。当电枢旋转时，电枢线圈通过换向片和电刷与外电路接通。

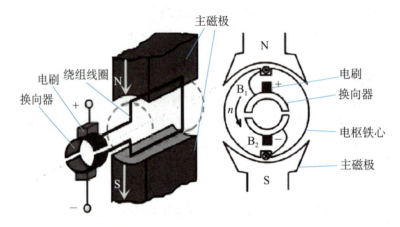

图 1-20　直流电机基本结构示意图

（2）交流异步电机（M）。

交流异步电机是一种常见的交流电动机，也被称为交流感应电机。交流异步电机有许多种类，但各种三相感应电机的基本结构是相同的，它们都由定子和转子这两个基本部分组成，定子和转子之间存在一定的气隙。除了定子和转子，交流异步电机还包括一些附件，如接线盒、吊环、风扇和风扇罩等。

图 1-21 展示了一个常见的交流异步电机的结构。定子和转子之间的气隙是为了保证电机的正常运转。接线盒用于连接电机的电源线和控制线，吊环用于悬挂电机。风扇和风扇罩则用于散热，保持电机的温度在可接受范围内。

交流异步电机的一个主要特点是转子和定子之间存在转速差异，这也是它得名"异步"的原因。

（3）永磁同步电机（PM）。

永磁同步电机是转子的转速与定子旋转磁场的转速完全同步的电机，如图 1-22 所示。

永磁同步电机的转子通常由永磁磁体构成，其中 N 极和 S 极随着定子绕组旋转磁

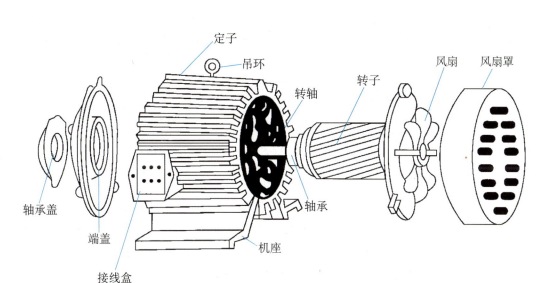

图1-21 交流异步电机基本结构示意图

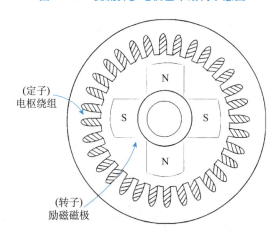

图1-22 永磁同步电机基本结构示意图

场的磁极移动而旋转。当定子绕组中通入电流时，产生的磁场会产生磁通量。转子中的永磁磁体与定子磁场相互作用，导致磁通量在转子中形成闭合回路。

永磁同步电机主要由转子、端盖和定子等组件构成。与传统的感应电机相比，永磁同步电机具有独特的转子结构。

永磁同步电机的定子结构与感应电机相似，主要包括定子绕组和定子铁心等部分。然而，永磁同步电机的转子具有特殊的结构，其中放置了高质量的永磁体磁极。这些永磁体磁极通常由稀土永磁材料制成，具有强大的磁场特性。

如图1-23所示，根据永磁体磁极在转子上的安装位置的不同，永磁同步电机可以分为三类：面贴式（Surface Permanent Magnet，SPM）、插入式（Buried Permanent Magnet，BPM）和内嵌式（Interior Permanent Magnet，IPM）。

几乎所有用于汽车驱动的同步电机都采用了旋转磁极式结构，其中转子采用永磁体材

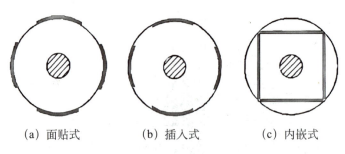

(a) 面贴式   (b) 插入式   (c) 内嵌式

图 1-23   永磁同步电机转子断面

料。由于同步电机采用开环控制时容易脱离同步运行，因此通常采用闭环矢量控制方式。

在永磁同步电机中，由于转子采用永磁体励磁，因此随着转速的增加，电压逐渐接近逆变器所能输出的电压极限。此时，为了进一步提高转速，只能通过调节定子电流的大小和相位来增加直轴去磁电流，以达到等效的弱磁状态，从而提高转速。

电机的弱磁能力主要取决于直轴电抗和反电势的大小。然而，永磁体由于串联在直轴磁路中，导致直轴磁路的磁阻较大，因此弱磁能力较小。另外，当电机的反电势较大时，电机的最高转速也会降低。

因此，在永磁同步电机中，为了继续提高转速，需要调节定子电流的大小和相位，以实现等效的弱磁状态。然而，由于永磁体的特性和直轴磁路的限制，电机的弱磁能力有一定的局限性，并且较大的反电势也会限制电机的最高转速。

（4）开关磁阻电机（SRM）。

开关磁阻电机的基本组成部件包括转子和定子，如图 1-24 所示。

定子线圈   转子

定子

图 1-24   开关磁阻电机

转子是开关磁阻电机的旋转部分，通常由磁阻元件组成。这些磁阻元件可以是可控磁阻材料，如软磁粉或磁性液体，在电流作用下可以改变其磁阻特性。转子的设计旨在实现磁阻的变化，从而产生转矩和旋转运动。

定子是开关磁阻电机的静止部分，由定子绕组和铁心组成。定子绕组通常包含多个绕组，可以是多相绕组，如两相或三相绕组。定子绕组通过电流激励产生磁场，与转子的磁阻相互作用，从而产生转矩。

通过控制定子绕组的电流和相位，以及转子磁阻的变化，开关磁阻电机可以实现精确的转矩和速度控制。

2. 驱动电机的工作原理

（1）直流电机的工作原理。

如图 1 - 25 所示，直流电机的工作原理是通过在定子上产生磁场，并在转子上的线圈中通电，利用磁场与电流之间的相互作用产生电磁力，从而驱动转子旋转。在直流电机中，定子磁场始终保持一个方向，而转子上的线圈通过与磁场方向平行的位置进行换向，使线圈中的电流方向也改变。这样，转子末端的电刷与换向片交替接触，实现了电流方向的改变，同时保持了线圈上的电磁力方向不变，使电机能够保持单一方向的转动。

直流发电机的工作原理则是将旋转的电枢线圈在磁场的感应下产生交变电动势，通过换向片和电刷的配合，将其转变为输出在电刷端的直流电动势。在直流发电机中，导体受力的方向可以使用左手定则来确定（如图 1 - 26 所示）。左手四指伸直，与拇指在同一平面且垂直。磁感线穿过手心，四指指向电流方向，则拇指指向电磁力方向。这对电磁力形成了作用于电枢的一个力矩，称为电磁转矩，其方向是逆时针方向，试图使电枢按逆时针方向旋转。如果电磁转矩能够克服电枢上的阻转矩（例如由摩擦引起的阻转矩和其他负载转矩），电枢就能按逆时针方向旋转起来。

然而，直流电机存在一些问题，如体积和质量较大、换向时产生火花、电刷磨损以及结构复杂等。因此，直流电机逐渐被交流异步电机、永磁同步电机和开关磁阻电机所取代。目前，直流电机仍广泛应用于一些特定领域，如城市无轨电车、观光车、电动叉车和电动巡逻车等。

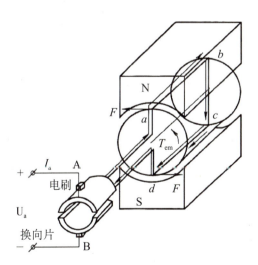

图 1 - 25 直流电机的工作原理

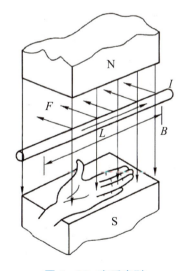

图 1 - 26 左手定则

注：图中 $F = BLI$。其中，B 为磁通量密度；L 为通电导体的有效长度；I 为导体中电流；F 为电磁力。

（2）交流异步电机的工作原理。

三相异步电机的工作原理涉及旋转磁动势、旋转磁场和感应电动势。

当三相异步电机的定子接通三相电源后，定子中形成了旋转磁动势和旋转磁场。这个旋转磁场的方向通常是逆时针转动。如果转子没有转动，那么笼形转子的导体与旋转磁场之间会有相对运动。在导体中会产生感应电动势（e），感应电动势的方向可以用右手定则确定。如图 1 - 27 所示，右手四指伸直，与拇指在同一平面且垂直，磁感线穿过手心，拇指指向导体运动方向，那么四指指向的方向即为导体中感应电流的方向。

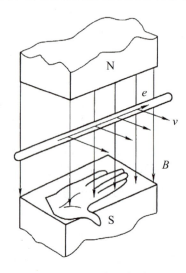

图 1 - 27　右手定则

由于转子导体彼此在端部短路，导体中会有电流流动，当不考虑电动势与电流的相位差时，电流的方向与感应电动势的方向相同，因此，导体在磁场中受到力（F），这个力的方向可以用左手定则确定。

（3）永磁同步电机的工作原理。

永磁同步电机的转子由永磁体组成。当定子绕组输入三相正弦交流电时，定子中形成一个旋转磁场。这个旋转磁场与转子的永磁体磁场相互作用，产生电磁转矩。由于转子中的永磁体磁场是恒定的，而定子中的磁场是旋转的，因此转子受到的电磁转矩会使其开始旋转。

值得注意的是，永磁同步电机的转子与定子的旋转速度必须保持同步，也就是转子的旋转速度与定子的旋转磁场频率相等，这样才能实现最佳的电磁转矩和高效率运行。

（4）开关磁阻电机的工作原理。

在图 1 - 28 中，只画出了其中一个相绕组（A 相）的连接情况。当定子和转子凸极正对时，磁路的磁阻最小。而当定子和转子凸极完全错开时，磁路的磁阻最大。

当 B 相绕组通入电流时，磁通量总是选择磁阻最小的路径来闭合。为了减少磁路的磁阻，转子会顺时针旋转，直到转子凸极 2 与定子凸极 B 的轴线重合。

这个转动过程是由电流在定子绕组中产生的磁场与转子磁场相互作用导致的。通过选择磁阻最小的路径，磁场会尽可能地对齐，从而减少磁路中的磁阻。这样，转子就会受到电磁力的作用，使其顺时针旋转，直到达到最低磁阻的位置。

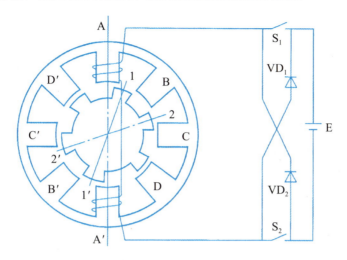

图1-28　开关磁阻电机的结构原理示意图

当各电子开关按照 D→A→B→C 的顺序依次控制定子绕组通电时，转子会受到电磁力的作用而持续按逆时针方向旋转。这是因为在这个顺序下，定子绕组的电流按逆时针方向依次流动，产生的磁场也会按逆时针方向旋转。

具体来说，在 D 相绕组通电时，产生的磁场会与转子的磁场相互作用，使转子受到电磁力作用并开始旋转。接下来，当 A 相绕组通电时，新的磁场又会与转子的磁场相互作用，继续推动转子按逆时针方向旋转。随后，B 相绕组通电和 C 相绕组通电也会产生类似的效果，进一步加快转子的旋转运动。

如果我们按照 B→A→D→C 的顺序依次通电，那么转子将会按顺时针方向转动。这是因为在这个顺序下，定子绕组的电流按顺时针方向依次流动，产生的磁场也会按顺时针方向旋转。这样，转子就会受到顺时针方向的电磁力推动而转动。

三、驱动电机的应用

在早期，电动汽车通常采用直流电机作为驱动电机。然而，随着电动汽车技术的发展，电动汽车逐步采用了其他类型的电机，包括交流感应电机、永磁同步电机和开关磁阻电机等。

目前，一些常见的电动汽车型号，如吉利帝豪和比亚迪等，通常采用永磁同步电机作为主要的驱动电机。特斯拉采用自主研发的三相交流感应电机。

1. 吉利帝豪驱动电机

吉利帝豪 EV450 的驱动电机采用的是永磁同步电机，驱动电机及其控制器的安装位置如图1-29所示。驱动电机由转子总成、定子壳体总成和后端盖总成等组成，结构如图1-30所示。

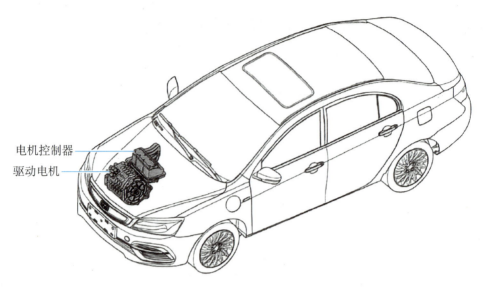

图 1 - 29　吉利帝豪 EV450 驱动电机位置

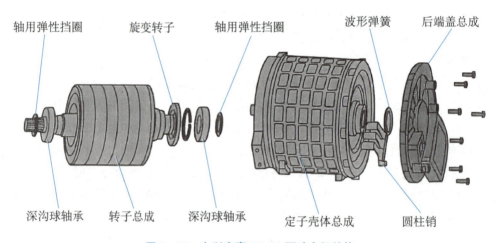

轴用弹性挡圈　　旋变转子　　轴用弹性挡圈　　　　波形弹簧　　后端盖总成

深沟球轴承　　转子总成　　深沟球轴承　　　定子壳体总成　　圆柱销

图 1 - 30　吉利帝豪 EV450 驱动电机结构

2. 比亚迪驱动电机

比亚迪的纯电动汽车采用的驱动电机是交流无刷永磁同步电机（PM），如图 1 - 31 所示。这种电机具有多项优点，包括高功率密度、小型轻量化、高效率、高可靠性、高耐久性和强适应性等。

驱动电机通过采集电机转子的位置信息进行工作。当车辆需要行驶时，驱动电机通过旋转编码器或磁编码器等装置来检测电机的转子位置。这些位置信号经过控制器处理后，生成适当的控制信号，并将其送入 IGBT（Insulate-Gate Bipolar Transistor，绝缘栅双极型晶体管）。逻辑信号控制 IGBT 的开断和导通，从而控制电流的流向和大小。控制器输出的信号形式近似于正弦波的交流电，这是为了与电机的工作原理相匹配。

图 1 - 31 比亚迪驱动电机

3. 特斯拉驱动电机（M）

特斯拉纯电动汽车采用自主研发的三相交流感应电机，如图 1 - 32 所示。这种电机具有优化的缠绕线性和小型化设计，能够最大限度地减少阻力和能量损耗。尽管体积小，但电机提供卓越的功率输出和扭矩性能，为车辆提供高加速性能和动力响应。这种电机的优势包括高效率、长续航里程和整车效率的提升。

图 1 - 32 特斯拉驱动电机

🚐 学习测试

一、填空题

1. 电动机是一种装置，能够将_____有效地转化为_____。

2. 电动汽车常用电机有多种类型，包括_____、_____、永磁同步电机和_____等。

3. 根据永磁体磁极在转子上的安装位置的不同，永磁同步电机可以分为三类：面贴式、插入式和_____。

4. 在永磁同步电机中，为了继续提高转速，需要调节_____电流的大小和_____，以实现_____的弱磁状态。

5. 永磁同步电机的_____由永磁体组成。

二、判断题

1. 从汽车用户的角度出发，新能源汽车的驱动电机只需要考虑性能和续航能力。（　　）

2. 异步电机的一个主要特点是转子和定子之间存在转速差异。（　　）

3. 在可接受的条件下，尽可能使用高电压系统，这样可以进一步减小驱动电机、控制器以及导线等设备的体积，特别是能够降低逆变器的成本。（　　）

4. 异步电机是一种常见的交流电动机，也被称为交流感应电动机。（　　）

5. 永磁同步电机的定子由永磁体组成。（　　）

三、选择题

1. 下列选项中，不是驱动电机的特点的是（　　）。

    A. 功率密度大　　　B. 体积大　　　C. 效率高　　　D. 重量轻

2. 同步电机是转子的转速与定子旋转磁场的转速完全（　　）的电机。

    A. 同步　　　　　B. 不同步　　　C. 无关　　　D. 以上都不是

3. 直流电机是一种可以实现直流电能和机械能互转的设备。其基本构造不包括（　　）。

    A. 定子　　　　　B. 转子　　　　C. 吊环　　　D. 换向器

4. 直流电机是一种可以实现（　　）互转的设备。

    A. 直流电能和机械能　　　　　　B. 机械能和直流电能

    C. 交流电能和机械能　　　　　　D. 机械能和交流电能

5. 当三相异步电机的定子接通三相电源后，定子中形成了旋转磁动势和旋转磁场。这个旋转磁场的方向通常按（　　）方向转动。

    A. 顺时针　　　　B. 逆时针　　　C. 先顺后逆　　　D. 先逆后顺

四、简答题

1. 电机是否会影响汽车舒适度？如何来改善？

2. 新能源汽车对驱动电机的要求有哪些？

项目小结

本项目主要对驱动电机电学基础认知、驱动电机基础知识认知两个任务进行了学习。驱动电机电学基础认知中主要学习新能源汽车驱动电机电学中电磁的基本概念和电磁的相关定律。驱动电机基础知识认知中主要学习驱动电机的特点及分类、新能源汽车对驱动电机的要求和驱动电机的结构及工作原理。

通过本项目的学习，学生可以较全面地掌握新能源汽车驱动电机系统的特点、分类、结构、工作原理及相关应用。

项目 2　驱动电机安全作业规范及检查与维护

项目导读

驱动电机及其控制系统是新能源汽车的主要执行机构，驱动电机的性能决定了新能源汽车的主要性能。与传统汽车相比，驱动电机取代了发动机，将电能转化为机械能以驱动汽车。

为确保新能源汽车的正常行驶，要做好驱动电机的日常维护。因驱动电机及其相关线束涉及高压，维护人员在作业前应知晓高压安全操作规范，以免发生触电事故。除此之外，维护人员应熟悉驱动电机日常检查与维护的作业内容，掌握维修工具及检测设备的正确使用，从而正确且高效地完成驱动电机的日常维护。本项目包括 2 个任务，分别为驱动电机检查与维护作业规范以及驱动电机检查与维护，有关驱动电机系统总成、控制系统、冷却系统的检测将在项目 3、4、5 中详细介绍。

学习目标

◎ 知识目标

1. 能描述维修工具和检测设备的类型和作用。
2. 掌握维护保养安全作业规范及注意事项。
3. 能明确新能源汽车维护场地要求。

◎ 技能目标

1. 能正确使用高压防护工具、维修工具和检测工具。
2. 能正确进行驱动电机工作状态检查。
3. 能正确进行驱动电机性能检查。

◎ 素养目标

1. 培养较高的安全意识。
2. 培养自我管理能力和团队协作精神。
3. 培养认真、严谨的工作态度。

🚗 **学习导图**

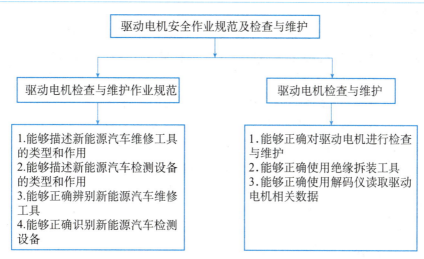

```
驱动电机安全作业规范及检查与维护
       │
   ┌───┴────────────────────────┐
驱动电机检查与维护作业规范      驱动电机检查与维护
   │                              │
┌──┴──────────────┐      ┌────────┴──────────┐
│1.能够描述新能源汽车维修工具 │      │1.能够正确对驱动电机进行检查 │
│的类型和作用              │      │与维护                    │
│2.能够描述新能源汽车检测设备 │      │2.能够正确使用绝缘拆装工具   │
│的类型和作用              │      │3.能够正确使用解码仪读取驱动 │
│3.能够正确辨别新能源汽车维修 │      │电机相关数据               │
│工具                    │      │                          │
│4.能够正确识别新能源汽车检测 │      │                          │
│设备                    │      │                          │
└────────────────────┘      └──────────────────────┘
```

 任务1 驱动电机检查与维护作业规范

🚗 **知识储备**

为了保证新能源汽车的驱动电机正常工作，驾驶员除了按操作规程正常使用、运行过程中注意正常监视和维护外，还应该定期将车辆送至4S店进行检查，做好驱动电机的维护保养工作。驱动电机作为新能源汽车上的主要高压部件，维修人员在检查与维护时应按照规范进行新能源汽车高压作业前场地准备工作，要能够正确使用高压防护工具、维修工具和检测工具，并能够进行安全防护与规范操作，以免发生触电事故。

一、车间安全防护要求

1. 新能源汽车维修车间场地与设施要求

（1）使用面积及工位数要求。新能源汽车维修车间的面积应根据实际要求确定，通常情况下应配备4～8个标准工位，工位上应安装举升机，以方便对驱动电机的检查与维护。

（2）采光。驱动电机通常情况下位于新能源汽车的底盘上，进行检查与维护时需要使用举升机将车辆举升起来，车间采光好将有利于车辆维修人员更好地观察驱动电机及相关高压部件，避免因为视线问题意外

电气危害及
触电急救

高压作业安全及
防护用具使用

检测仪表的
选择及使用

触碰到高压电路而发生事故。维修车间的采光应符合《建筑采光设计标准》（GB 50033—2013）的有关规定。

（3）照明。当天然光线不足时，应配置人工照明，人工照明光源应选择接近天然光色温的光源。维修车间的照明要求应符合《建筑照明设计标准》（GB/T 50034—2024）的有关规定。

（4）干燥。维修车间必须保持干燥。场地应避免积水或暴雨漏雨的情况发生。保持干燥的目的是降低维修人员的触电风险。

（5）通风。维修车间保持通风有利于在维修车辆期间产生的有害物质排出。此外，在发生触电事故的情况下，通风的环境能够更加有利于伤者呼吸到更多的氧气。

（6）防火。维修车间的防火应符合《建筑设计防火规范》（GB 50016—2014）有关厂房、仓库防火的规定以及《汽车库、修车库、停车场设计防火规范》（GB 50067—2014）的有关规定。

（7）卫生。维修车间的卫生应符合《工业企业设计卫生标准》（GBZ 1—2010）及《生产过程安全卫生要求总则》（GB 12801—2008）的有关要求。

（8）安全标志。维修车间的安全标志应符合《安全标志及其使用导则》（GB 2894—2008）及《安全色》（GB 2893—2008）的有关要求。当工位上有高电压车辆进行维修时，必须布置有明显的警告标识，如图 2-1 所示，以免他人未经允许进入高电压工位而发生危险。

图 2-1 高压危险警告标识

2. 新能源汽车维修车间管理制度

新能源汽车的高压部件主要包括驱动电机、驱动电机控制器、动力电池等，如图 2-2 所示。维修人员在进行驱动电机检查与维护时，应遵守以下维修车间管理制度。

（1）车辆维修过程中的高压部件必须及时标识明显的"高压勿动"的警示，并禁止将带有高压电的部件放置在无人看管的环境下。

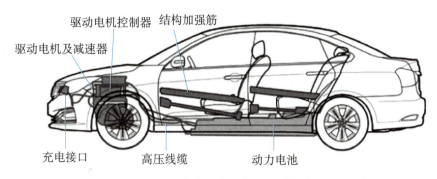

图 2-2 新能源汽车主要高压部件

（2）车辆在充电过程中不允许对高压部件进行拆装、维修等工作。

（3）未经高压安全培训并取得特种作业操作证（如低压电工作业证，如图 2-3 所示）的维修人员，不允许对高压部件进行拆装、维修等操作。

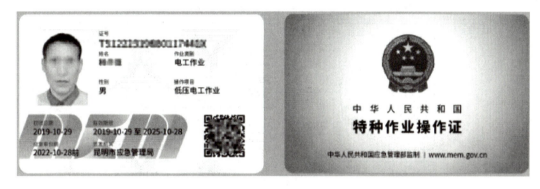

图 2-3 低压电工作业证

（4）高压部件拆装、维修前，维修人员必须检查及穿戴个人安全防护装备，并使用绝缘工具进行拆装操作。

（5）高压部件拆装、维修过程中，维修人员禁止携带手表、金属笔等金属物品在身上。

（6）高压部件拆卸、维修前，维修人员必须进行高电压中止操作，即根据车型切断低压电源和拆卸高压维修开关，并检验确认相关部件没有高压电。

（7）进行车身焊接前，维修人员应清理周围易燃物品，做好车身的保护，预防飞溅及着火，并严格按照焊接及钣金维修工艺进行操作。

（8）维修完毕后上电前，确认车辆无人操作。

（9）更换高压部件后，高压电缆接口必须按照标准扭矩拧紧，并测量线路绝缘性能正常。

（10）在执行车辆维修期间，必须同时有两名持有上岗证的维修人员进行工作，其中一名维修人员作为工作的监护人，监督维修的全过程。当发生触电事故时，监护人应该立即采取有效措施进行急救。

💡 课堂讨论

同学们，新能源汽车的占有率逐年增高。作为将来的新能源汽车维修人员，你如何看待新能源汽车维修车间管理制度？是否觉得过于严苛？请谈谈你的看法。

3. 新能源汽车作业安全规范

新能源汽车涉及高压电，在维修作业过程中必须遵守高压电操作规范、机动车维修操作规范等安全作业规范，且必须严格遵守维修流程，如图2-4所示，以保障作业人员人身安全和车辆、设备安全。

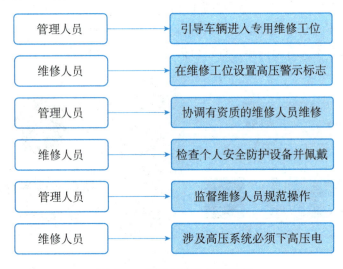

图 2-4　新能源汽车维修流程

断电、防止重新接通、确定处于无电状态、接地和短路、遮盖和阻隔相邻带电部件被称为高压作业五条安全规定。下面简要介绍前三条。

（1）断电。

电动汽车维修维护作业必须在断电的情况下执行，断电必须由具备高压资质的人员执行，必要时使用专用诊断仪的引导性功能。断电步骤包括：关闭启动开关并拔掉钥匙、断开辅助蓄电池负极连接。

（2）防止重新接通。

断开辅助蓄电池负极连接后，应使用绝缘防护帽对负极柱或负极连接线进行保护，以防重新接通。在车辆醒目位置粘贴作业警示标志，妥善保管启动钥匙和维修开关，除唯一执行人外，任何人不得恢复。

（3）确定处于无电状态。

断开高压电后至少等待5分钟，然后使用专用万用表进行断电测量，如果无法断电，则必须由特定资质人员处理。

二、维修工具及检测设备的认知与使用

新能源汽车驱动电机在检查与维护过程中，除了传统汽车用到的维修工具以外，还会用到高压防护用具和绝缘拆装工具。

1. 高压防护用具

维修人员在进行驱动电机检查与维护时，应按照原厂家维修手册要求进行，在开始作业前，应在工位作业区设置隔离带（如图 2-5 所示），以防作业时有其他人员随意闯入，影响作业安全。

图 2-5　隔离带

为保证作业时维修人员的人身安全，维修人员作业前应使用及穿戴以下高压防护用具。

（1）绝缘垫。

绝缘垫（如图 2-6 所示）是具有较大电阻率和耐击穿的脚垫，又称为绝缘毯、绝缘地胶等，主要在新能源汽车维护时铺在地面，起到绝缘作用。特别值得注意的是，在雨季湿度大或地面潮湿时，绝缘垫就更加重要。

图 2-6　绝缘垫

（2）放电工装。

新能源汽车上有许多大电容，断电后电容中储存的电能还没有释放，此时进行高压操作有触电危险，需要使用放电工装（如图 2-7 所示）放电后才能进行操作。

图 2-7　放电工装

（3）安全帽。

当维修人员将车辆举升起来，对驱动电机进行检查与维护时，应佩戴好安全帽（如图 2-8 所示），以防作业时磕碰头部。维修人员在佩戴前，应进行安全帽的检查，包括是否有开裂破损，是否有明显变形，下颚带是否完好、牢固，出厂日期是否符合标准，如遇到上述不符合规范的情况，应更换符合要求的安全帽。维修人员佩戴安全帽时应适当调整并系好下颚带。

图 2-8　安全帽

（4）护目镜。

检查和维护新能源汽车时需要佩戴护目镜（如图 2-9 所示）。护目镜主要防止电弧伤眼，使用前应检查防护眼镜是否有裂痕、损坏。

图 2-9　护目镜

（5）绝缘服。

绝缘服（如图2-10所示）的主要作用是高压操作时对维修人员的身体进行保护。绝缘服应保管在通风、透气、清洁、干燥的库房内。绝缘服使用时不宜接触明火和有锐角的坚硬物体。

图2-10　绝缘服

（6）绝缘手套。

绝缘手套（如图2-11所示）是一种用于保护人体免受电击危险的工具。绝缘手套的检查和正确使用非常重要，以确保维修人员的安全。维修人员佩戴前应先检查绝缘手套的外观是否有破损，是否有出现穿孔、裂纹、氧化等情况，如有上述问题，应及时更换。维修人员进行驱动电机等拆装作业时，要保护好手套，避免被尖锐物品打破。

图2-11　绝缘手套

（7）绝缘鞋。

绝缘鞋（如图2-12所示）是在高压操作时使人与大地绝缘的防护工具，一般在较为潮湿的场地使用。穿戴绝缘鞋前检查鞋面是否有磨损，鞋面是否干燥，鞋底是否断裂。绝缘鞋应放在干燥通风的地方，不能随意摆放，避免接触高温、尖锐物品和酸、碱、油类物品。

图 2-12　绝缘鞋

2. 绝缘拆装工具

绝缘工具是采用绝缘材料进行加工并适用于电气系统拆装等操作的工具。使用绝缘工具可以有效防止意外触电事故的发生。在进行新能源汽车驱动电机拆装与维护时必须使用绝缘拆装工具（如图 2-13 所示）。绝缘拆装工具必须装有耐压 1 000V 以上的绝缘柄，常用的绝缘拆装工具有绝缘扳手、绝缘套筒扳手、绝缘开口扳手、绝缘螺丝刀等。

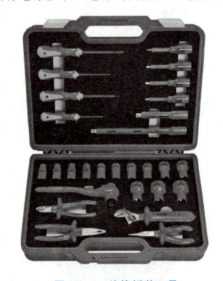

图 2-13　绝缘拆装工具

维修人员在使用绝缘拆装工具前应确认其是否有破损，是否潮湿或脏污，如果检查出不能再适用于高压维修作业，应立即更换。绝缘拆装工具使用完毕后，维修人员应将其归位于工具箱内，并将工具箱放置在阴凉、干燥的地方。除此之外，维修人员还应定期用绝缘测试仪检查绝缘拆装工具最薄弱处的绝缘电阻值，若小于 1MΩ 则禁止使用。

📝 1+X考证技能点

温馨提示：中车行 2-1 模块"新能源汽车动力驱动电机电池技术"中包含驱动电机模块，在该模块中考核评价标准之一为情意面，即考核学生的作业安全及职业操守，包括工位的 7S 检查、设备和工具的检查等。同学们在日常学习过程中，应对上述内容勤加练习。

3. 检测工具及其使用方法

新能源汽车驱动电机在检查与维护，如读取电机驱动系统数据流、进行驱动电机控制电路检测等时，常用的检测工具有数字万用表、钳形电流表、绝缘电阻测试仪、示波器、故障诊断仪等。

（1）数字万用表。

数字万用表是一种多用途电子测量仪器，也称为万用计、多用计、多用电表或三用电表。数字万用表一般包含安培计、电压表、欧姆计等功能，主要是对电流、电压和电阻进行测量。常见的数字万用表如图 2-14 所示。

图 2-14 数字万用表

使用万用表前应认真阅读有关使用说明书，熟悉电源开关、量程开关、插孔、特殊插孔的作用。表笔分为红、黑两支，使用时应将红色表笔插入标有"＋"号的插孔，将黑色表笔插入标有"－"号的插孔。

使用数字万用表前，维修人员应做到：

①数字万用表水平放置；

②将表笔按上面要求插入表笔插孔；

③将选择开关旋到相应的项目和量程上。

使用数字万用表过程中，维修人员应做到：

数字万用表在刚检测时，显示屏的数值会有跳数现象，属于正常现象。应当待显示数值稳定后，再读数。不能以最初跳动变化中的某一数值当作检测值读取。

使用数字万用表后，维修人员应做到：

将选择开关旋至"OFF"挡，若无此挡，则应按下电源按键将其电源关闭。如果长期不再使用，则应取出电池。

（2）钳形电流表。

交直流数字钳形表的工作部分主要由一个电流表和一个穿心式电流互感器组成。穿心式电流互感器的铁心制成活动开口，且成钳形，故又名钳形电流表。它是一种不需要

断开电路就可直接测量电路交流电流的携带式仪表，其样式及主要组成部分如图 2 - 15
所示。

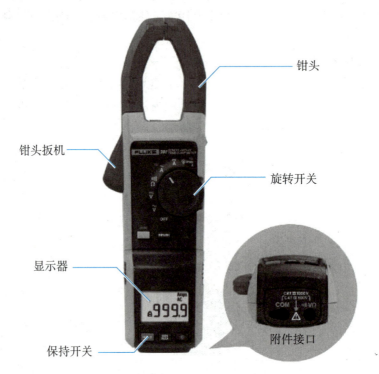

图 2 - 15 钳形电流表

维修人员使用钳形电流表时，应注意以下内容：

测量前，应先检查钳形铁心的橡胶绝缘是否完好无损，钳口应清洁、无锈，闭合后
无明显的缝隙。

测量时，应先估计被测电流的大小，选择适当量程，如果无法估计，则可先选择较
大的量程，然后逐挡减少，转换到合适的挡位。转换量程挡位时，必须在不带电情况下
或者在钳口张开情况下进行，以免损坏仪表。

测量时，被测导线应尽量放在钳口中部，钳口的结合面如有杂声，应重新开合一
次，若仍有杂声，则应处理结合面，以使读数准确。另外，不可同时钳住两根导线。

每次测量前后，要把调节电流量程的切换开关放在最高挡位，以免下次使用时，因
未选择量程就进行测量而损坏仪表。

（3）绝缘电阻测试仪。

绝缘体有阻止电流通过的特性，但若加上高压电，则会有少许的漏电流流过绝缘体
的内部或表面。绝缘电阻表征绝缘体阻止漏电流通过能力的大小，阻值越大越好，通常
以百万欧姆计。

绝缘电阻测试仪是一种用于测量高电阻的直读数式仪表，一般用来测量电路、电动
机绕组、电缆和电气设备等的绝缘电阻。常见的有手摇式绝缘电阻测试仪、数字式绝缘

电阻测试仪，如图 2 - 16 所示。

选用绝缘电阻测试仪时，规定测试仪输出的电压等级应高于被测物体的绝缘电压等级。测量额定电压在 500V 以下的设备或线路的绝缘电阻时，可选用 500V 或 1 000V 绝缘电阻测试仪；测量额定电压在 500V 以上的设备或线路的绝缘电阻时，应选用 1 000～2 500V 绝缘电阻测试仪；测量绝缘子时，应选用 2 500～5 000V 的绝缘电阻测试仪。

(a) 手摇式　　　　　　　　　　(b) 数字式

图 2 - 16　绝缘电阻测试仪

维修人员使用绝缘电阻测试仪时，应注意以下内容：

①测量前，将被测物体断电，并进行放电，不允许带电测试，以确保人身安全。

②绝缘电阻表的引线之间应当保持一定的距离，以确保数据的准确性。

③测量时，被测量物体上不能有人。

④禁止在雷电时或者高压设备旁测试绝缘电阻。

⑤被测物体表面应擦拭干净，不得有污物，以免造成测量数据的不准确。

（4）示波器。

示波器是一种用来测量交流电或脉冲电流波的形状的仪器，由电子管放大器、扫描振荡器、阴极射线管等组成。它能把肉眼看不见的电信号转换成看得见的图像，以便于人们研究各种电现象的变化过程。利用示波器能观察各种不同信号幅度随时间变化的波形曲线，还可以用它测试各种不同的电量，如电压、电流、频率、相位差、调幅度等。

常见的示波器有台式和便携式两种，如图 2 - 17 所示。便携式示波器除了具备普通示波器的示波功能以外，还具有万用表的功能，更有小巧、便携的优点，这也使其在某些特殊的场合应用更加广泛。

维修人员使用示波器时，应遵循以下步骤：

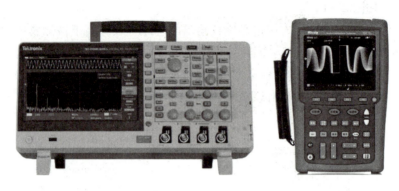

(a) 台式　　　　　　　(b) 便携式

图 2 - 17　示波器

①连接电源：将示波器的电源线插入电源插座，打开电源开关，等待示波器启动。

②连接信号源：将被测信号源的输出端口与示波器的输入端口连接，确保连接正确。

③调整控制面板：根据被测信号的特性，调整示波器的各种参数和功能，包括扫描速度、触发方式、放大倍数等。

④观察测量结果：在示波器的显示屏上观察电信号的波形、频率、幅度、相位等特性，并进行分析和判断。

⑤记录测量结果：根据需要，可以将测量结果记录下来，以备后续分析和比较。

维修人员使用示波器时，应注意以下事项：

①保护示波管：示波管是示波器的核心部件，要注意保护，避免过度冲击和振动。

②避免静电干扰：示波器的电子元件对静电敏感，要注意避免静电干扰，避免触摸电子元件。

③避免过载：示波器的输入端口要注意避免过载，以免损坏电路或示波器本身。

④注意安全：使用示波器要注意安全，避免触电和短路等危险。

⑤定期维护：示波器需要定期维护，包括清洁、校准、更换元件等，以保证正常使用和长寿命。

（5）故障诊断仪。

汽车维修时常用的故障诊断设备有汽车故障诊断仪，它是车辆故障自检终端，又称为汽车解码器，如图 2 - 18 所示，是用于检测汽车故障的便携式智能汽车故障自检仪。用户可以利用它迅速地读取汽车电控系统中的故障，并通过液晶显示屏显示故障信息，迅速查明发生故障的部位及原因。

汽车故障诊断仪是维修中非常重要的工具，一般具有如下几项或全部的功能：①读取故障码；②清除故障码；③读取驱动电机动态数据流；④示波功能；⑤元件动作测试；⑥匹配、设定和编码等功能；⑦英汉辞典、计算器及其他辅助功能。

图 2 - 18　故障诊断仪

🚗 素养园地

党的二十大报告指出，"努力培养造就更多大师、战略科学家、一流科技领军人才和创新团队、青年科技人才、卓越工程师、大国工匠、高技能人才"。工匠精神的养成并非一蹴而就，而在于日常学习及工作过程中的日积月累。工匠精神之一便是严谨，同学们在使用相关检测设备进行数据检测时应秉承严谨的作风，确保相关测试数据的准确性。

🚗 任务实施

1. 设备及工具

（1）操作防护装备：绝缘防护套装（包括护目镜、绝缘胶鞋等）。

（2）新能源汽车智能制造实训中心：新能源汽车、动力总成台架、动力电池单体。

（3）专用工具、设备：绝缘拆装工具、钳形电流表、绝缘电阻测试仪、示波器、吉利帝豪 EV450 专用解码仪。

2. 分配任务

每 5～8 人为一组，选出 1 名组长、1 名记录员，组长对小组任务进行分工，记录员负责任务进度以及和其他组进行沟通，组员按组长要求完成相关任务。具体任务要求如下：

（1）任务一：穿戴高压防护装备（如图 2 - 19（a）所示）。

（2）任务二：认知绝缘拆装工具及检测工具（如图 2 - 19（b）所示）。

（3）任务三：利用检测设备对车辆及相关台架进行数据测量。

在完成相关数据测量前，请先回答下述问题。

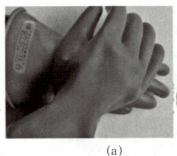

(a)

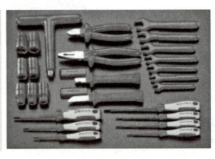

(b)

图 2-19　高压防护设备及检测工具

①维修电动汽车时应注意哪些事项？

_____

_____

②维修电动汽车是否需要经过专门的培训？培训涉及哪些内容？

_____

_____

③由于电动汽车上存在高压电，因此为了保证驾驶和维修安全，必须进行必要的电气防护。请写出必要的电气防护措施。

_____

_____

3. 注意事项

（1）检测作业涉及高压系统，决不能带电操作，对高压系统进行检测时，穿戴好个人防护工具，按标准流程规范操作。

（2）任务结束后，需要将车辆及相应工位进行 6S 管理。

4. 任务工单

任务工单见表 2-1。

表 2 - 1　任务工单

任务名称					
姓名		班级		学号	
任务地点		任务时间		日期	
设备及工具					
工作计划				任务结果	
任务一					
任务二					
任务三					
根据任务结果写出整改建议或学习计划					

学习测试

一、填空题

1. 绝缘电阻测试仪主要有_____和_____。

2. 数字万用表通常具备_____、_____、_____、_____和_____检测功能。

3. 示波器是一种用来测量_____或_____的仪器。

二、判断题

1. 绝缘拆装工具只要有塑料柄就能使用。（　　）

2. 新能源汽车所有的零部件拆装都必须使用绝缘拆装工具。（　　）

3. 绝缘测试只能在通电的电路上进行。（　　）

三、选择题

1. 绝缘拆装工具必须装有耐压（　　　）以上的绝缘柄。

　　A. 220V　　　　　　B. 500V　　　　　　C. 1 000V　　　　　　D. 10 000V

2. 以下仪器设备中，属于电动汽车维修特有的是（　　　）。

　　A. 数字万用表　　　B. 绝缘测试仪　　　C. 示波器　　　　　D. 故障诊断仪

3. 汽车故障诊断仪通常具备的检测功能是（　　　）。

　　A. 读取、清除故障码　　　　　　　B. 读取数据流

　　C. 执行元件动作测试　　　　　　　D. 以上都正确

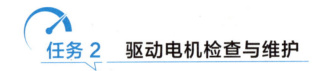

任务 2　驱动电机检查与维护

知识储备

新能源汽车在正常行驶过程中，驱动系统中的一些元器件处于高温、高速、脏污和颠簸环境中会老化、破损。为避免出现车辆漏电、驱动系统失效等故障的发生，保证车辆驾驶的安全，定期对驱动系统进行检查与维护非常有必要。

一、驱动电机检查与维护方法及注意事项

不同于传统汽车发动机保养维护中更换油液、机滤和传动带等，新能源汽车驱动电机的保养维护主要以清洁和检查为主。检查与维护方法按以下步骤进行。

1. 外观检查

驱动电机的维护首先从目测检查外观开始。检查前，维修人员应将车辆举升至一定高度，并佩戴好安全帽（如图 2-20 所示）。外观检查（如图 2-21 所示）主要包括以下内容：

（1）应观察驱动电机高压线缆外观是否存在破损、老化、绝缘体脱落等现象；

（2）应检查驱动电机是否存在固定螺栓松动等情况；

（3）应检查驱动电机表面是否存在污渍，检查驱动电机与减速机构接缝处是否漏油；

（4）应检查驱动电机上下水管有无裂痕和接口处是否有泄漏。

知识微课堂

驱动电机一般检查保养及更换

知识微课堂

上下电操作

知识微课堂

高压部件的识别及高压互锁

若外观检查发现异常，则应立即进行下一步检查；若无异常情况，则应清洁驱动系统外观污浊部分，以便下次进行目视检查。

图2-20 外观检查前准备

图2-21 驱动电机外观检查

2. 油液检查及更换

新能源汽车驱动系统中主要有两类油液，分别是冷却液和机械减速装置齿轮油。

（1）冷却液检查及更换。

1）冷却液检查主要包括冷却液液位和品质检查。

①检查冷却液液位：维修人员应打开机舱盖，找到冷却液膨胀水箱，并通过目测观察冷却液液位，确认其是否处于液位上限（F）与下限（L）刻度线之间，如图2-22所示。若发现液位低于下限刻度线，维修人员应及时添加冷却液。需要注意的是，添加的冷却液应与原厂品牌一致，以免混用。

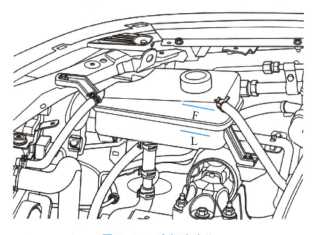

图2-22 冷却液液位

②检查冷却液品质：维修人员应打开冷却液膨胀水箱盖，通过目测判断冷却液是否变质、脏污。根据使用要求，冷却液冰点需要在-20℃以下，随后可使用冰点测试仪检

测判断，若冷却液品质下降，则需要进一步查明原因并进行更换。

2）更换冷却液。由于冷却液工作在高压、高温环境中，使用寿命有限，因此要定期更换冷却液。以吉利帝豪EV450为例，更换冷却液应按以下操作步骤进行：

①打开冷却液膨胀水箱总成盖，如图2-23所示。

②断开散热器出水管或散热器排水阀，用回收容器接收放出的驱动电机冷却液，如图2-24所示。

③连接散热器出水管，缓慢加注冷却液，如图2-25所示，直至膨胀水箱内冷却液量达到80％左右，且液位不再下降。

④车辆上高压，打开暖风系统，通过运行电动水泵排除系统剩余空气，挤压散热器出水软管可加速排空，注意风扇可能随时运行，小心绞伤；如果冷却液液位持续不变，且膨胀水箱通气口无冷却液流出，则需要重新上高压，并挤压散热器出水软管强制排空。

⑤观察膨胀水箱内冷却液下降，及时补充冷却液，保持冷却液液位线处于上限与下限之间。

⑥观察膨胀水箱通气口，待膨胀水箱通气口有持续冷却液流出且膨胀水箱内冷却液液位不再下降时，拧紧膨胀水箱盖，至此冷却液加注完成。

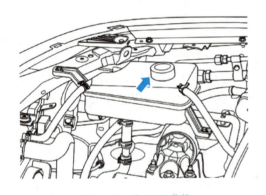

图2-23 打开总成盖

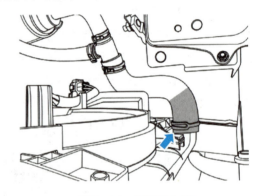

图2-24 断开出水管

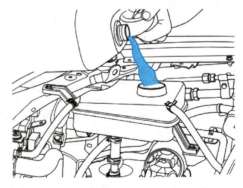

图2-25 加注冷却液

若冷却液严重缺失或持续多次在日常维护过程中均需要添加冷却液，则需要进一步检查冷却系统有无泄漏。必要时可以对驱动冷却系统进行加压测试，判断泄漏量及泄漏点。

（2）机械减速装置齿轮油检查及更换。

1）检查齿轮油：维修人员应举升车辆，并将减速装置内部的齿轮油冷却，拆卸加油螺塞并检查油位，如图2-26中A位置所示，同时需要检查齿轮油品质，若存在油色污浊、变质、胶化、有焦煳味等情况，则需要进一步检查机械减速装置的工作情况，并及时更换齿轮油。

2）更换齿轮油：机械减速装置采用浸油润滑方式，齿轮油需要及时在齿轮表面形成完整的油膜才能保证机械减速装置的正常润滑，延长使用寿命。随着使用时间的增加，齿轮油内部杂质也会增多，加速机构磨损，因此，需要按照厂方规定定时更换齿轮油。更换齿轮油应按以下操作步骤进行：

①拆卸机械减速装置加油螺塞，如图2-26中A位置所示。

②拆卸机械减速装置放油螺塞，如图2-26中B位置所示，用回收容器接收放出的齿轮油。

③安装机械减速装置放油螺塞。

④加注孔塞添加专用的齿轮油。

⑤重修安装并紧固加油螺塞。

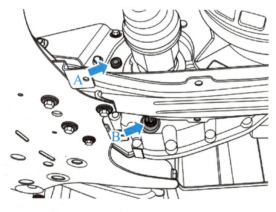

图2-26　加油螺塞和放油螺塞位置

注意：如果齿轮油温度过高时执行本步骤，可能会造成烫伤。

3. 维护注意事项

（1）进行新能源汽车驱动电机维护时，首先要检查驱动系统是否有故障。如果发现电机启动有噪声、电机有卡滞现象及异常响声、电机运转时有过大振动、电机无法启动以及电机动力总成有漏油现象或异味排出，则需要及时对车辆进行高压下电操作，并进一步检查故障。

（2）新能源汽车与传统汽车相比具有高压系统，因此维修人员在对驱动电机进行维护保养时，必须确认车辆钥匙处于"OFF"位、低压蓄电池电源断开、动力电池上的维修开关处于断开状态。维修人员应注意佩戴绝缘手套，在断开高压电缆插接器后，需要测量导线内的残余电量是否消耗殆尽。

（3）驱动电机工作柔和，维修人员在维护检查中，应确保驱动电机工作稳定，无异响、松动和异常振动等情况，否则要及时进行维修作业。

（4）驱动电机没有独立的润滑系统，因此在检查与维护时需要着重检查驱动电机的主轴轴承工作情况，若油封漏油，则需要及时更换油封，必要时需要及时补充润滑脂。

素养园地

同学们，职业素养的形成有利于培养工匠精神，在集中处理旧驱动电机冷却液时，应等待报废或再生利用，而不应将旧驱动电机冷却液排入下水管道。保护生态环境，人人有责，职业素养的形成在于一点一滴的积累。

二、驱动电机工作状态及性能检查

驱动电机除了基本检查之外，日常检查与维护中还应使用诊断仪读取驱动电机工作温度、旋转变压器阻值等数据，判断其是否正常，若存在数据异常，则需要进一步检查。维修人员还应使用绝缘电阻表分别测量驱动电机三相绕组的绝缘情况。驱动电机工作状态及性能检查主要有以下内容。

1. 驱动电机工作温度、工作电压及工作电流检查

以下操作以吉利帝豪 EV450 车型为例，诊断仪型号为道通 ms906。

（1）维修人员拿出故障诊断仪，并按要求完成诊断仪的接线工作。

（2）打开驾驶舱车门，在方向盘下方找到对应的 OBD 诊断接口，并将故障诊断仪连接到 OBD 诊断接口上，如图 2 - 27 所示。

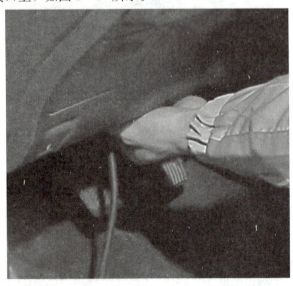

图 2 - 27　故障诊断仪与 OBD 诊断接口连接

（3）打开车辆的点火开关，并打开故障诊断仪电源，且通过无线或有线与
BTXD001 主机成功配对之后，点击想要诊断的车辆图标，便可执行诊断操作。诊断操
作界面如图 2-28 所示。

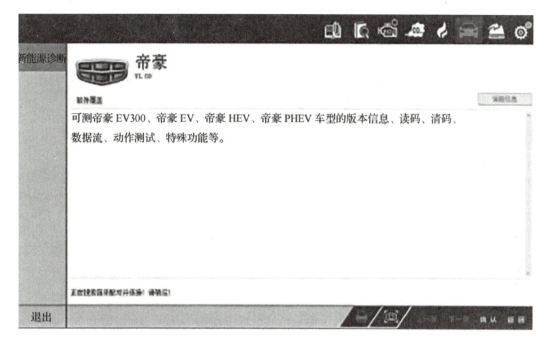

图 2-28 诊断操作界面

（4）依次完成"选择车型 EV450—整车控制系统—选择对应模块—读取数据流"。
数据流是指汽车电脑连续性地将各种元件的运行参数和工作状态发出来的电信号。整车
控制系统和对应模块的界面分别如图 2-29 所示、图 2-30 所示。

P档控制单元（PCU）

整车控制系统（VCU）

远程监控系统（TEM）

电机控制器（PEU）

空调控制器（AC）

辅助控制模块（ACM）

电源管理系统（BMS）

电子驻车系统（EPB）

大陆车身控制系统

电动助力转向系统（EPS）

图 2-29 整车控制系统界面

电机实际转速

电机系统故障状态

电机系统控制状态

电机实际转矩

电机故障码

电机系统状态模式

电机控制器实际进水口温度

DCDC内部温度

图 2-30　对应模块界面

　　（5）在显示屏上查看驱动电机当前工作温度、工作电压和工作电流等数据，见表2-2。

表 2-2　驱动电机相关数据

参数名称	值	单位
电机实际转速	0	转/分
电磁转矩	0	牛顿·米
机械转矩	0	牛顿·米
电机定子温度	10	℃
水冷板温度	10	℃
交流 W 相电流	0	安培
交流 U 相电流	0	安培
允许的最小扭矩	0	牛顿·米
允许的最大扭矩	0	牛顿·米

1+X考证技能点

　　温馨提示：中车行2-1模块"新能源汽车动力驱动电机电池技术"中包含驱动电机模块，在该模块中考核评价内容之一为驱动电机相应数据流的读取。数据功能是维修人员对故障进一步判断的重要功能，这需要同学们对汽车各系统上的传感数据、控制信号和控制方式有着深入的了解。

2. 驱动电机温度传感器、旋转变压器阻值的检查

　　以下操作以吉利帝豪 EV450 车型为例，维修人员按照以下操作流程完成对应的检查。

　　（1）断开蓄电池负极导线连接，安全举升车辆，并拔下驱动电机低压插接器。

（2）查阅维修手册，找到驱动电机低压插接器端子图及注解，端子如图 2-31 所示。

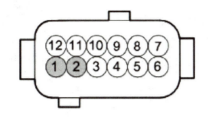

图 2-31　驱动电机线束插接器 BV13 端子

（3）万用表量程选择 2kΩ 挡，分别测量 BV13 端子 1 和端子 2、端子 3 和端子 4 之间的电阻值，检查两个电机温度传感器的电阻值。吉利帝豪 EV450 车型温度传感器检查标准见表 2-3。

表 2-3　吉利帝豪 EV450 车型温度传感器检查标准

测量位置 A	测量位置 B	测量标准值
端子 1：温度传感器 1+	端子 2：温度传感器 1-	-40℃时，正常电阻值为（241±20）Ω
端子 3：温度传感器 2+	端子 4：温度传感器 2-	20℃时，正常电阻值为（13.6±0.8）Ω 85℃时，正常电阻值为（1.6±0.1）Ω

（4）万用表量程选择 200Ω 挡，分别测量 BV13 端子 7 和端子 8、端子 9 和端子 10、端子 11 和端子 12 之间的电阻值，检查驱动电机旋转变压器电阻值。吉利帝豪 EV450 车型旋转变压器检查标准见表 2-4。

表 2-4　吉利帝豪 EV450 车型旋转变压器检查标准

测量部件	测量位置 A	测量位置 B	测量标准值
旋变余弦绕组	BV13-7 COSL	BV13-8 COSL	（14.5±1.5）Ω
旋变正弦绕组	BV13-9 SINL	BV13-10 SINL	（13.5±1.5）Ω
旋变励磁绕组	BV13-11 REFL	BV13-12 REFL	（9.5±1.5）Ω

3. 驱动电机性能检测

（1）驱动电机三相线束的更换。

驱动电机三相线束的更换步骤如下：

1）拆卸前，先进行高压卜电操作。

2）拆卸固定接线盒盖的螺栓。

3）用扳手拧下固定三相线束和接线座铜排的螺栓。

4）拧下固定三相线束的螺栓，拔出三相线束。

5）取下驱动电机三相线束，如图 2-32 所示。

6）拔出驱动电机端盖上的温度传感器和旋转变压器。

（2）驱动电机三相线束绝缘电阻的检查。

驱动电机三相线束绝缘电阻的检查步骤如下：

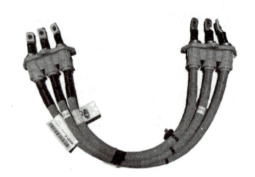

图 2 - 32　驱动电机三相线束

1）进行高压断电操作。

2）断开驱动电机端三相线束插接器 BV19，如图 2 - 33 所示。

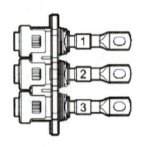

图 2 - 33　驱动电机端三相线束插接器 BV19

3）断开 PEU 端三相线束插接器 BV18。

4）用万用表按表 2 - 5 所示的端子顺序进行测量。

表 2 - 5　吉利帝豪 EV450 车型驱动电机三相线束绝缘电阻值检查标准

测量位置 A	测量位置 B	测量标准值
BV19-1	BV19-2	大于或等于 20MΩ
BV19-1	BV19-3	
BV19-2	BV19-3	

（3）驱动电机绝缘电阻检查。

以下操作以驱动电机台架为例，维修人员按照以下操作流程完成对应的检查：

1）操作前，应准备好绝缘拆装工具、绝缘手套、绝缘测试仪等，并进行相应的检查。

2）从电机控制器上取下三相线束插接器端子，如图 2 - 34 所示。

3）打开绝缘测试仪电源开关，调节测试电压至 500V 挡位，如图 2 - 35 所示。

4）将绝缘测试仪黑色表笔夹子夹在驱动电机外壳上，红色表笔与三相线束端子可靠接触，如图 2 - 36 所示。

5）按压绝缘测试仪 TEST 按钮，测量当前相线的绝缘电阻值。待绝缘测试仪屏幕显示稳定后，即可得到测量值，如图 2 - 37 所示。驱动电机绝缘电阻值一般不小于 50MΩ。

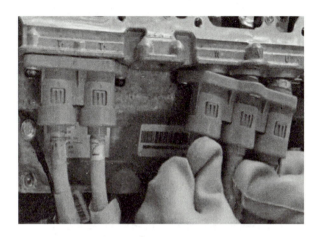

图 2 - 34　取下三相线束插接器端子

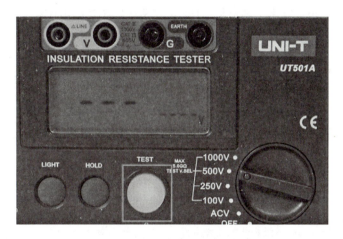

图 2 - 35　调节绝缘测试仪测试电压

图 2 - 36　绝缘测试仪使用

图 2 - 37　测量数值

6）依次测量其他两相的绝缘电阻值。测量结束后，先关闭绝缘测试仪的电源开关，再从驱动电机上取下负极夹子。

相关链接

近年来，吉利汽车自主研发了多种驱动系统技术，包括永磁同步电机、永磁无刷电机和电控系统等，它们具有更高的能效和更快的响应速度，能够提供更好的驾驶体验。正是因为有这样的民族品牌的崛起，我国国产品牌新能源汽车出口销量逐年递增。

任务实施

1. 设备及工具

吉利帝豪 EV450 实训车辆 4 台、驱动电机系统台架 4 套。

2. 分配任务

每 5～8 人为一组，选出 1 名组长、1 名记录员，组长对小组任务进行分工，记录员负责任务进度以及和其他组进行沟通，组员按组长要求完成相关任务。具体任务要求如下：

（1）任务一：维修作业前准备工作。

任务开始前，组长带领各组员根据表 2-6 对防护装备、绝缘工具、高压指示牌等进行检查。

表 2-6　安全防护确认表

检查内容	记录检查结果
绝缘手套等工具是否破损、缺失	
绝缘工具是否齐全、完好	
任务现场是否有高压警示标志	
是否需要拆卸维修开关以及维修开关放置位置	

（2）任务二：根据表 2-7 完成吉利帝豪 EV450 驱动电机数据流的读取。

表 2-7　数据流填写

参数名称	检测数据	判定
电机实际转速		正常　异常
电机控制器进水口温度		正常　异常
电机定子电流频率		正常　异常
电机定子温度		正常　异常
IGBT 温度		正常　异常
控制器母线电压		正常　异常
控制器母线电流		正常　异常
交流 U 相电流		正常　异常
交流 V 相电流		正常　异常
交流 W 相电流		正常　异常
电机转子偏移角		

（3）任务三：根据表 2-8 完成驱动电机控制电路的检测。

表 2-8　驱动电机控制电路检测

参数名称	技术要求	测量数值	判定	
旋转变压器绕组阻值检查	正弦		正常	异常
	余弦		正常	异常
	励磁		正常	异常
电机绕组温度传感器阻值检查	常温		正常	异常

3. 注意事项

（1）检测作业涉及高压系统，决不能带电操作，对高压系统进行检测时，穿戴好个人防护工具，按标准流程规范操作。

（2）任务结束后，需要将车辆及相应工位进行 6S 管理。

4. 任务工单

任务工单见表 2-9。

表 2-9　任务工单

任务名称						
姓名		班级		学号		
任务地点		任务时间		日期		
设备及工具						
	工作计划				任务结果	
任务一						
任务二						
任务三						
根据任务结果写出整改建议或学习计划						

学习测试

一、填空题

1. 驱动电机绝缘电阻检查操作前，应准备好_____、_____和_____等，并进行相应的检查。

2. 新能源汽车与传统汽车相比具有高压系统，因此维修人员在对驱动电机进行维护保养时，必须确认_____、_____和_____。

3. 不同于传统汽车发动机保养维护中更换油液、机滤和传动带等，新能源汽车驱动电机的保养维护主要以_____和_____为主。

二、判断题

1. 检查机械减速装置齿轮油油位前应先确保车辆处于长期停放状态。（　　）

2. 维修人员进行驱动电机性能检测时，无须查看车辆维修手册。（　　）

3. 新能源汽车驱动系统中主要有两类油液，分别是冷却液和机械减速装置齿轮油。（　　）

三、选择题

1. 检查冷却液品质应使用以下哪一种工具？（　　）
   A. 冰点测试仪　　　B. 绝缘测试仪　　　C. 故障诊断仪　　　D. 冷媒加注机

2. 机械减速装置采用（　　）方式。
   A. 浸油润滑　　　B. 压力润滑　　　C. 飞溅润滑　　　D. 滚动润滑

3. 驱动电机绝缘电阻值一般不小于（　　）。
   A. 40MΩ　　　B. 50MΩ　　　C. 30MΩ　　　D. 20MΩ

项目小结

本项目主要对驱动电机检查与维护作业规范以及驱动电机检查与维护两个任务进行了学习。驱动电机检查与维护作业规范主要学习新能源汽车维修作业安全规范与注意事项以及高压防护用具及专用维修工具的使用。驱动电机检查与维护主要学习驱动电机的一般检查及保养。

通过本项目的学习，学生可以较全面地掌握新能源汽车高压安全防护相关操作。通过项目实施，学生可以正确地对驱动电机系统进行检查与维护，培养良好的行为习惯和自我管理能力。

项目 3　驱动电机系统结构原理与检测

🚗 项目导读

　　驱动电机是新能源汽车的主要动力源之一，它的作用主要是根据驾驶员的操作向外输出转矩，驱动车辆前进或后退；同时可以作为发电机发电，在高坡下滑、高速滑行以及制动过程中把势能或动能通过电机转化为电能，储存在动力电池中。

　　那么驱动电机由哪几部分组成？它的工作原理是什么？在新能源汽车上如何检修驱动电机？通过本项目的学习，相信读者可以找到答案。

🚗 学习目标

❯ 知识目标

1. 能准确说出驱动电机的作用。
2. 掌握直流电机的结构及工作原理。
3. 掌握交流异步电机的结构及工作原理。
4. 掌握永磁同步电机的结构及工作原理。
5. 掌握常见车型驱动电机的性能检测方法。

❯ 技能目标

1. 能够正确地在新能源汽车上查找驱动电机性能参数。
2. 能够正确进行驱动电机减速器的拆解。
3. 能够正确进行驱动电机拆装、检修操作。
4. 能够正确进行驱动电机的性能检测。

❯ 素养目标

1. 了解国产新能源汽车电驱动系统开发及应用情况。
2. 培养追求卓越、专注细节的工匠精神。

 学习导图

```
                    驱动电机系统结构原理与检测
    ┌───────────────────────┼───────────────────────┐
┌──────────────┐    ┌──────────────┐    ┌──────────────┐
│ 驱动电机动力总成 │    │ 电机减速器的拆装 │    │ 驱动电机的更换与 │
│   结构认知    │    │   与检测     │    │   故障诊断    │
└──────────────┘    └──────────────┘    └──────────────┘
```

1.了解驱动电机总成的基本结构及工作原理 2.熟悉常见的驱动电机类型、结构及工作原理 3.了解驱动电机冷却系统的结构与原理	1.掌握电机减速器的组成结构及功能 2.了解减速器传动系统控制原理 3.掌握减速器总成的拆装与检测方法	1.掌握驱动电机的更换方法 2.掌握驱动电机的检测方法 3.能根据维修手册对驱动电机相关部件进行拆解、检测与故障排除

任务 1　驱动电机动力总成结构认知

知识储备

　　新能源汽车动力总成（也称电驱动总成）主要由电机控制器、驱动电机、减速驱动桥和传动轴组成。动力总成系统是新能源汽车的主要系统，决定了汽车的行驶性能，其工作任务是在驾驶员的控制下，高效地将动力电池的电能转化为车轮的动能，或者将车轮的动能转化为电能储存在动力电池中。以吉利帝豪 EV450 为例，其动力总成安装位置如图 3-1 所示。

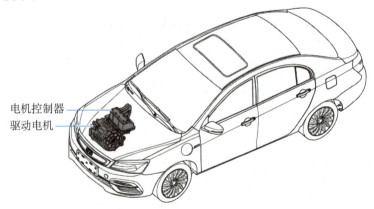

电机控制器
驱动电机

图 3-1　动力总成安装位置图

一、电驱动总成布置形式及工作原理

新能源汽车的动力总成布置结构主要有三种主要形式：传统式、驱动电机与驱动桥组合式、轮毂电机分散式。

1. 传统式动力总成布置形式

传统式动力总成布置形式仍然采用内燃机汽车的动力总成布置形式（内燃机汽车的动力总成包括发动机、离合器、变速器、传动轴、驱动桥等），仅将发动机替换为电动机，即在燃油车的基础上进行改型的电动车（俗称"油改电"）。这种布置形式可以提高新能源汽车启动和上坡时的转矩，增加低速行驶时新能源汽车的后备功率。这种动力总成布置形式有驱动电机前置-驱动桥前置（F-F）、驱动电机前置-驱动桥后置（F-R）等驱动模式。这种动力总成布置形式结构复杂、传动效率低，不能充分发挥驱动电机的高效性能。在此基础上还有一种简化的传统式动力总成布置形式，采用固定速比减速器，去掉了离合器。这种布置形式不仅可以减小机械传动系统的质量，缩小体积，而且可以减少传动环节，提高传动效率。传统式动力总成布置形式如图 3-2 所示。

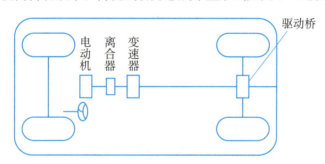

图 3-2 传统式动力总成布置形式

继 2023 年第一季度中国首次超越日本成为全球第一大汽车出口国之后，2023 年上半年，中国汽车出口继续保持强劲势头，稳坐世界第一的位置。中国汽车工业协会整理的海关总署的数据显示，2023 年上半年，中国汽车整车出口 234.1 万辆，同比增长 76.9%，其中新能源汽车表现亮眼。1—6 月，中国出口新能源汽车 72.28 万辆，同比增长 136.5%，占出口总量的 32.1%。这标志着中国从"汽车大国"到"汽车强国"迈出了重要的一步。

2. 驱动电机与驱动桥组合式动力总成布置形式

驱动电机与驱动桥组合式动力总成布置形式即为在驱动电机输出轴处加装减速齿轮和差速机构等，驱动电机、固定速比减速器、差速器的轴相互平行，一起组合成驱动桥。它通过固定速比减速器来放大驱动电机的输出转矩，不进行换挡，省掉了离合器。这种布置形式结构紧凑，传动效率高，便于安装，但对驱动电机的调速能力要求较高。

参照传统汽车驱动形式，有驱动电机前置-驱动桥前置和驱动电机后置-驱动桥后置两类。这种动力总成布置形式具有良好的通用性和互换性，便于在现有的汽车底盘上安装，使用与维修也较方便，如图 3-3 所示。

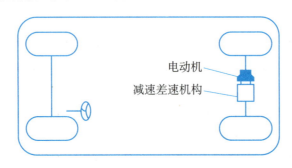

电动机
减速差速机构

图 3-3　驱动电机与驱动桥组合式动力总成布置形式

　　在最初的新能源汽车电驱系统中，驱动电机、电控系统、减速器等部件均单独布置，各部件之间通过线束等连接件进行连接，这一设计导致当时的驱动系统十分冗杂。而随着技术壁垒的逐渐打破和技术成熟度的不断提高，目前各大新能源汽车生产厂商已将高度集成化作为电驱系统的重要发展方向之一。

　　随着新能源汽车技术的快速发展，新能源汽车拥有越来越多的功能和更好的性能，新能源汽车动力总成的集成化也朝着优化性能、提升效率、减轻重量等方向快速发展。目前量产的纯电动汽车领域中，三合一电驱已经成为主流，其将电机、电控系统和减速器集成在一起，根据车辆的类型将其与车桥相结合或者提供更加轻巧的三合一电驱系统，在电机转速、电能转化效率、机械空间紧凑化、线束精简化等方面都起到了很大的作用。主流的三合一电驱系统如图 3-4 所示。

图 3-4　三合一电驱系统

　　2021 年 9 月，比亚迪发布第三代纯电专属平台 e3.0。e3.0 相对于 e2.0 进行了全面升级。电子电气架构全新升级为四大域控制系统，即动力域、车身域、智能座舱域、智能驾驶域，功能融合的同时交互效率提升了50%。电驱系统采用更加集成的八合一结构，集成驱动电机、减速器、驱动电机控制器、高低压直流转换器（DC/DC）、双向车载充电机（OBC）、高压配电箱（PDU）、电池管理器（BMS）、整车控制器（VCU）八大模块为一体。其整体性能较上一代功率密度提升了20%，整机重量和体积分别降低了15%、20%，系统综合效率达到了89%。其结构如图3-5所示。

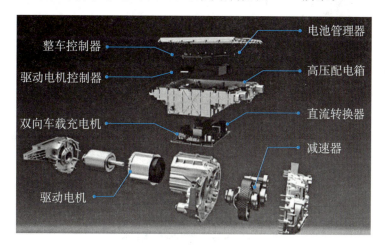

图3-5　比亚迪全球首个"八合一"电驱动总成

3. 轮毂电机分散式动力总成布置形式

轮毂电机技术又称为车轮内装式电机技术，是一种将电动机、传动系统和制动系统融为一体的轮毂装置技术。采用这项技术的驱动系统布置非常灵活，可以使电动汽车按照2个前轮驱动、2个后轮驱动或4轮驱动等多种组合方式来进行驱动。其布置形式如图3-6所示。

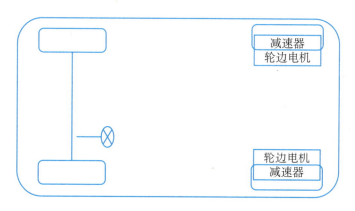

图3-6　轮毂电机分散式动力总成布置形式

与传统内燃机和中央电机驱动的车辆相比，由于取消了离合器、变速器、传动轴及差速器等部件，底盘结构大为简化，整车质量减轻，很好地实现了整车轻量化目标，也为实现底盘的电子化和智能化提供了保证。但轮毂电机增加了车辆的簧下质量和轮毂的转动惯量，对车辆的操纵有所影响。此外，轮毂电机的工作环境恶劣，面临着防水、防尘等多方面考验，因此在密封方面有较高要求，同时要单独考虑其散热问题。典型的内转子结构轮毂电机结构如图 3-7 所示。

轮毂电机转子

刹车盘与刹车卡钳

定子托架

轮毂电机定子

转子托架

图 3-7 内转子结构轮毂电机结构

📝 1+X考证技能点

温馨提示：中车行 2-1 模块"新能源汽车动力驱动电机电池技术"中包含驱动电机模块，在该模块中需要读取驱动电机铭牌相关数据，并记录驱动电机功率、品牌、密封性、种类等信息。

4. 电驱动总成的工作原理

（1）电驱动总成驱动模式。

整车控制器根据车辆运行的不同情况，包括车速、挡位、电池 SOC（电量）值，来决定电机输出转矩/功率。当电机控制器从整车控制器处得到转矩输出命令时，电机控制器将动力电池提供的直流电转化成三相正弦交流电，驱动电机输出转矩，通过机械传动来驱动车辆，如图 3-8 所示。

（2）电驱动总成发电模式。

当车辆在滑行或制动时，整车控制器检测到满足一定条件则发出能量回收指令，IGBT（Insulate-Gate Bipolar Transistor，绝缘栅双极型晶体管）模块输出为 0，电机停止工作，驱动车轮通过传动系统使电机转子旋转，此时电动机就成了发电机，输出三相正弦交流电，IGBT 模块将交流电转换成直流电向动力电池充电，如图 3-9 所示。

启动能量回收的条件如下：

1）加速踏板开度为 0 或制动；

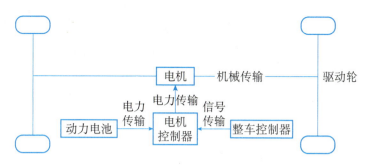

图 3 - 8　电驱动总成驱动模式

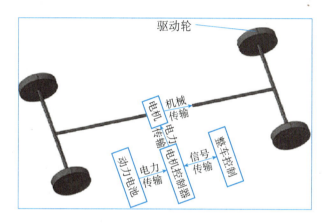

图 3 - 9　电驱动总成发电模式

2）动力电池电量小于 95%；

3）动力电池温度小于 45℃；

4）各系统无故障。

二、驱动电机的类型、组成结构及工作原理

1. 驱动电机的类型

（1）驱动电机根据电机工作电源的不同，可分为直流电机和交流电机。其中，直流电机可划分为永磁直流电机和电磁直流电机，交流电机还分为单相电机和三相电机，如图 3 - 10 所示。

（2）驱动电机按结构及工作原理可分为直流电机、异步电机和同步电机。其中，直流电机又可分为无刷直流电机和有刷直流电机，异步电机可分为感应电机和交流换向器电机，同步电机可分为永磁同步电机、磁阻同步电机和磁滞同步电机，如图 3 - 11 所示。

（3）驱动电机按转子的结构可分为笼型感应电机（旧标准称为鼠笼型异步电机）和绕线转子感应电机（旧标准称为绕线型异步电机），如图 3 - 12 所示。

（4）驱动电机按用途可分为驱动用电机和控制用电机。驱动用电机又分为电动工具

图 3-10　按工作电源分类的驱动电机类型

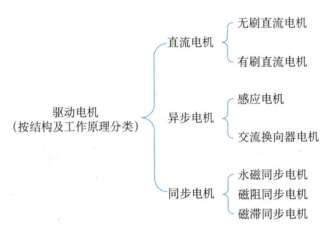

图 3-11　按结构及工作原理分类的驱动电机类型

图 3-12　按转子的结构分类的驱动电机类型

用电机、家电用电机及其他通用小型机械设备用电机，控制用电机又分为步进电机和伺服电机等，如图 3-13 所示。

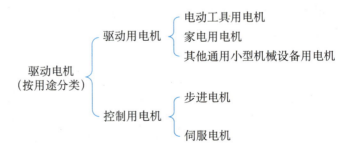

图 3-13　按用途分类的驱动电机类型

　　（5）驱动电机按运转速度可分为高速电机、低速电机、恒速电机、调速电机，如图 3-14 所示。

$$驱动电机 \begin{cases} 高速电机 \\ 低速电机 \\ 恒速电机 \\ 调速电机 \end{cases}$$
（按运转速度分类）

图3-14 按运转速度分类的驱动电机类型

2. 驱动电机的组成结构及工作原理

（1）直流电机。

1）直流电机的组成结构。

直流电动机是指通入直流电而产生机械运动的电机，以下简称直流电机。按励磁方式的不同，直流电机分为励磁绕组式电机和永磁式电机，前者的励磁磁场是可控的，后者的励磁磁场是不可控的。由于控制方式简单，控制技术成熟，直流电机曾被广泛应用于早期电动汽车驱动系统。

直流电机由静止的定子和旋转的转子（电枢）两部分组成。定子和转子的间隙称为气隙。直流电机结构剖面图如图3-15所示。

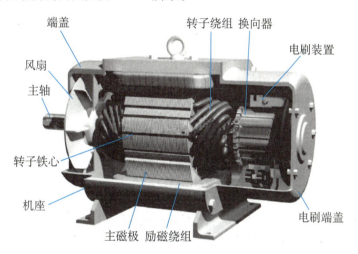

图3-15 直流电机结构剖面图

①定子的主要作用是产生气隙磁场，由主磁极、机座、换向器、端盖和电刷装置等组成。

a. 主磁极。主磁极的作用是建立主磁场。主磁极由主磁极铁心和套装在铁心上的励磁绕组构成，结构如图3-16所示。

b. 机座。机座一般用铸钢铸成或用厚钢板焊接而成，有两个作用：一是用来固定主磁极、换向器和电刷端盖；另一个是作为磁场的通路，固定的导磁部分称为磁轭。

c. 换向器。换向器是安装在两个相邻主磁极之间的一个小磁极，其作用是改善直

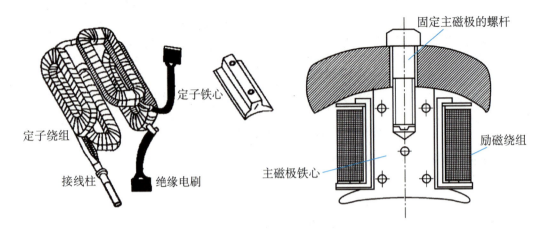

图 3－16　主磁极结构

流电机的换向情况，使直流电机运行时不产生有害的火花。换向器的结构和主磁极类似，由换向器铁心和套在铁心上的换向器绕组构成，并用螺杆固定在机座上。

d. 端盖。端盖装在机座两端并通过端盖中的轴承支承转子，将定子连为一体，同时端盖对直流电机内部还起防护作用。

e. 电刷装置。电刷装置的作用是把直流电压、直流电流引入或引出。电刷的数目一般等于主磁极的数目。电刷装置由电刷、电刷盒、刷瓣和压簧等部分组成。电刷是石墨或金属石墨组成的导电块，放在电刷盒内用弹簧以一定的压力按压在换向器的表面，旋转时与换向器表面形成滑动接触。

②转子即直流电机的转动部分，又称电枢。转子部分包括转子铁心、转子绕组、换向器和风扇等，如图 3－17 所示。

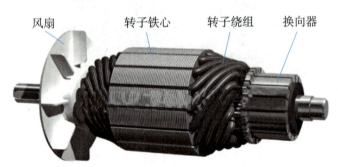

图 3－17　直流电机的转子

a. 转子铁心。转子铁心既是主磁路的组成部分，又是转子绕组的支撑部分；转子绕组嵌放在转子铁心的槽内。为减少转子铁心内的涡流耗损，铁心一般用厚 0.5 mm 且加工有齿、槽的硅钢片叠压夹紧而成，如图 3－18 所示。

b. 转子绕组。转子绕组由一定数目的转子线圈按一定的规律连接组成，它是直流电机的电路部分，也是产生感应电动势、进行机电能量转换的部分。

c. 换向器。在直流发电机中，换向器起整流作用，在直流电动机中，换向器起逆

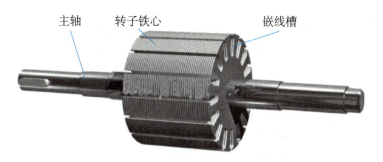

主轴　　转子铁心　　嵌线槽

图 3 - 18　转子铁心的结构

变作用。因此，换向器是直流电机的关键部件之一。换向器由许多鸽尾形的换向片排成一个圆筒，其间用云母环绝缘，两端再用两个 V 形环夹紧而成，如图 3 - 19 所示。每个转子线圈首端和尾端的引线分别焊入相应换向片内。

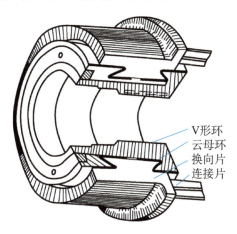

V形环
云母环
换向片
连接片

图 3 - 19　换向器

2）直流电机的工作原理。

①直流电机的原理模型。简单的直流电机的原理模型如图 3 - 20 所示，在一对静止的磁极 N 和 S 之间，装设一个可以绕中心横轴转动的圆柱形铁心，在它上面装有矩形线圈 $abcd$。这个转动的部分通常称为电枢。线圈的末端 a 和 d 分别接到称为换向片的两个半圆形铜环上。换向片之间彼此绝缘，它们和电枢装在同一根轴上，可随电枢一起转动。

②直流电机的工作过程。当电刷 A 和 B 分别连接直流电源的正负极时，电流从电刷 A 流入，从电刷 B 流出，通过线圈 $abcd$ 形成回路；相应地，导线 ab 和 cd 在磁场的作用下会产生磁力，其方向由左手定则来决定。当电枢在如图 3 - 21（a）所示的位置时，线圈的电流方向是 $a{\rightarrow}b{\rightarrow}c{\rightarrow}d$，$ab$ 边的电流从 a 流向 b，用 $\oplus$ 表示，cd 边的电流从 c 流向 d，用 $\odot$ 表示。当电枢在如图 3 - 21（b）所示的位置时，在换向器的作用下，电流开始反向流动，流向为 $d{\rightarrow}c{\rightarrow}b{\rightarrow}a$，通过左手定则判定，电枢的受力方向不变，如此往复，使得直流电机稳定。

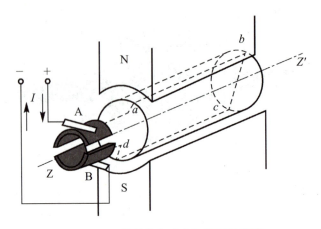

图 3-20 简单的直流电机的原理模型

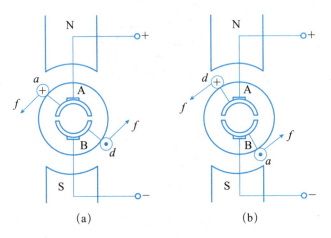

(a)　　　　　　　(b)

图 3-21 直流电机的工作原理

（2）无刷直流电机。

1）无刷直流电机的组成结构。

无刷直流电机（Brushless Direct Current Motor，BLDC），也被称为电子换向电机（ECM 或 EC 电机）或同步直流电机，是一种使用直流电（DC）电源的同步电机。无刷直流电机实质上是采用直流电源输入，并用逆变器变为三相交流电源，带位置反馈的永磁同步电机。无刷直流电机主要由用永磁材料制造的转子、带有线圈绕组的定子和位置传感器组成。

①定子。无刷直流电机的定子结构与感应电机相似。它由堆叠的钢叠片组成，并带有轴向切槽用于缠绕，如图 3-22 所示。无刷直流电机中的绕组与传统感应电机的绕组略有不同。通常，大多数无刷直流电机由三个定子绕组组成，这三个定子绕组以星形或 Y 形连接（无中性点）。

②转子。无刷直流电机的转子部分由永磁体（通常是稀土合金磁体，如钕（Nd）、

图 3 - 22 无刷直流电机定子

钐钴（SmCo）和钕铁硼（NdFeB））组成。根据应用场景的不同，极数可以在 2 到 8 个之间变化，北极（N）和南极（S）交替放置。图 3 - 23 显示了磁极的三种不同布置方式。

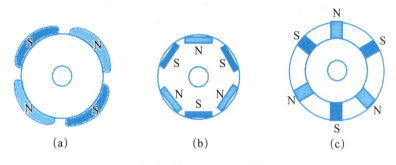

（a）　　　　　　　　　（b）　　　　　　　　　（c）

图 3 - 23 无刷电机转子

③位置传感器。采用霍尔元件作为位置传感器的无刷直流电机通常称为霍尔无刷直流电机。由于无刷直流电机的转子是永磁的，因此可以很方便地利用霍尔元件的霍尔效应检测转子的位置。图 3 - 24 所示为四相霍尔无刷直流电机的原理图。图中，两个霍尔元件 H_1 和 H_2 间隔 90°固定于电机定子绕组 A 和 B 的轴线上，并通上控制电流，电机转子兼做位置传感器的转子。霍尔无刷直流电机结构简单、体积小，但安装和定位不便，元件片薄而易碎，对环境及工作温度有一定要求，耐振性差。

2）无刷直流电机的工作原理。

无刷直流电机主要由用永磁材料制造的转子、带有线圈绕组的定子和位置传感器（可有可无）组成。如图 3 - 25 所示，当两头的线圈通上电流时，根据右手螺旋定则，会产生方向指向右的外加磁感应强度 B（如粗箭头方向所示），而中间的转子会尽量使自己内部的磁力线方向与外磁力线方向保持一致，以形成一个最短闭合磁力线回路，这样转子就会按顺时针方向旋转了。

当磁场与外部磁场方向一致时，转子所受磁力最大。但此时转子呈水平状态，转

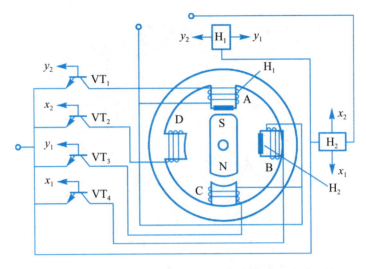

图 3-24　四相霍尔无刷直流电机的原理图

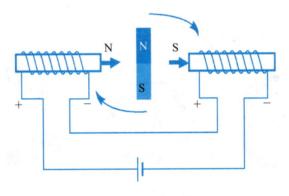

图 3-25　换向原理图示 1

子力臂为 0。虽然不再受到转动力矩的作用，但由于惯性，转子还会继续按顺时针方向转动。这时若改变两头螺线管的电流方向，转子就会继续按顺时针方向向前转动，如图 3-26 所示。

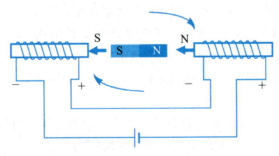

图 3-26　换向原理图示 2

（3）交流异步电机。

1）交流异步电机的分类。

交流异步电机又称为交流感应电机，是由气隙旋转磁场与转子绕组感应电流相互作用产生电磁转矩，从而实现电能转换为机械能的一种交流电机。交流异步电机是各类电机中应用最广、需求量最大的一种。交流异步电机通常按转子结构和定子绕组相数进行分类：按转子结构来分，可分为笼型和绕线型；按定子绕组相数来分，则有单相型和三相型。在新能源汽车中，笼型交流异步电机应用较为广泛，具有结构简单且坚固、制造成本低、维护方便等优点。

2）交流异步电机的组成结构。

交流异步电机由静止的定子和可以旋转的转子组成，定子和转子之间为气隙。交流异步电机的气隙一般为 0.5～2.0 mm，气隙的大小对交流异步电机的性能有很大影响。交流异步电机的组成结构如图 3-27 所示。

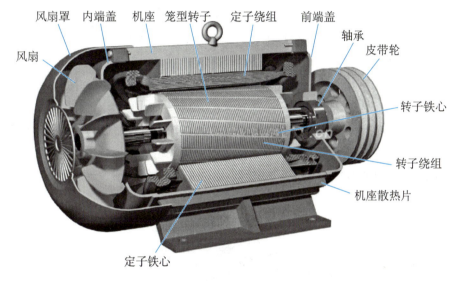

图 3-27　交流异步电机的组成结构

①定子铁心。定子铁心主要作为电机主磁路的一部分并且用来嵌放定子绕组。为了降低定子铁心的铁耗，定子铁心一般由 0.35～0.50 mm 厚、表面涂有绝缘漆的硅钢片叠压而成。在铁心的内圆冲有均匀分布的槽，用以嵌放定子绕组。定子铁心槽型分为开口槽、半开口槽和半闭口槽三种，其中开口槽用于大、中容量的高压异步电机，半开口槽用于中型 500 V 以下的异步电机，半闭口槽用于小容量的低压异步电机。

②定子绕组。定子绕组是电机的电路部分，通入三相交流电，其作用是吸收电功率和产生旋转磁场。定子绕组由三个在空间上互隔120°对称排列且结构完全相同的绕组（每个绕组为一相）组成，根据需要连接成 Y 形或△形。

对于大、中型容量的高压异步电机，定子绕组常采用 Y 形接法，只有三根引出线，如图 3-28（a）所示。对于中、小型容量的低压异步电机，通常把定子三相绕组的六根引出线引出来，根据需要接成 Y 形或△形，△形接法如图 3-28（b）所示。定子绕组用绝缘的铜（或铝）导线绕成，嵌放在定子铁心槽内。

③机座。机座主要用于固定定子铁心和前、后端盖，支撑转子并起到防护和散热等

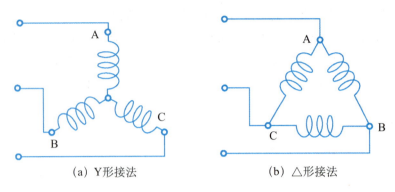

(a) Y形接法　　　　　　　　(b) △形接法

图 3 - 28　定子绕组接法

作用，一般不作为工作磁路的组成部分。大多数机座采用铸铁铸造而成，大容量的异步电机机座采用钢板焊接而成，微型异步电机机座多采用铸铝或塑料制成。根据电机的防护方式、冷却方式和安装方式的不同，机座的样式也不尽相同。

④转子铁心。转子铁心是电机磁路的一部分，它由 0.5 mm 厚的硅钢片叠压而成。转子铁心固定在转轴或转子支架上，整个转子的外表呈圆柱形。

⑤转子绕组。笼型绕组是一个自身短路的绕组。在转子铁心的每个槽里嵌放一根导体，在铁心的两端用端环连接起来，形成一个短路的绕组。若把转子铁心拿掉，则可看出剩下来的绕组形状像个松鼠笼子，如图 3 - 29 所示，因此又称为鼠笼转子。导体的材料为铜或铝。

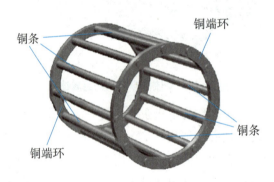

图 3 - 29　鼠笼转子

3) 交流异步电机的工作原理。

交流异步电机定子绕组接通三相交流电源后，电机内便形成圆形旋转磁动势以及圆形旋转磁密，设其反向为逆时针，如图 3 - 30 所示。若转子不转，则鼠笼转子导体与旋转磁密有相对运动，导体中有感应电动势 E_e，方向由右手定则确定。

转子受力，产生转矩 T_{em}，为电磁转矩，方向与旋转磁动势相同，转子便在该方向上旋转起来。转子旋转后，转速为 n，只要 $n < n_1$（n_1 为旋转磁动势同步转速），转子导体与磁场仍有相对运动，产生与转子不转时相同方向的电动势、电流及受力，电磁转矩 T_{em} 仍旧为顺时针方向，转子继续旋转，稳定运行在 $T_{em} = T_L$ 的情况下。

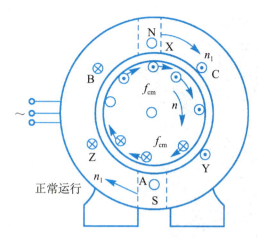

图 3-30 交流异步电机的工作原理

由交流异步电机的工作原理可知，交流异步电机稳定运行时，转子转速 n 不能等于旋转磁动势同步转速 n_1，其转速差 $\Delta n = n_1 - n$，转差转速 Δn 与同步转速之比为交流异步电机的转差率，用 s 表示，即：

$$s = \Delta n / n_1 = (n_1 - n) / n_1$$

转差率是交流异步电机的一个重要参数，正常运行时感应电机转子转速接近于同步转速 n_1，转差率一般为 0.01~0.05。

（4）永磁同步电机。

1）永磁同步电机简介。

永磁同步电机（Permanent Magnet Synchronous Motor，PMSM）具有较高的功率质量比，体积更小，质量更轻，比其他类型电机的输出转矩更大，电机的极限转速和制动性能也比较优异，因此其已成为现今电动汽车应用最多的电机。

2）永磁同步电机的组成结构。

永磁同步电机分为正弦波驱动电流的永磁同步电机和方波驱动电流的永磁同步电机，这里介绍的主要是以三相正弦波驱动的永磁同步电机。

永磁同步电机的组成结构如图 3-31 所示，和传统电机一样，其主要由定子和转子两大部分构成。

①定子。永磁同步电机的定子与普通电机基本相同，由定子铁心和定子绕组构成，如图 3-32 所示。定子铁心一般采用 0.5 mm 硅钢片叠压而成，对于具有高效率指标或频率较高的电机，为了减少铁耗，可以考虑使用 0.35 mm 的低损耗冷轧无取向硅钢片。

②转子。永磁同步电机的转子主要由永磁体、转子铁心和转轴等构成，如图 3-33 所示。其中，永磁体主要采用铁氧体永磁材料和钕铁硼永磁材料；转子铁心可根据磁极结构的不同，选用实心钢，或者采用钢板或硅钢片冲制后叠压而成。

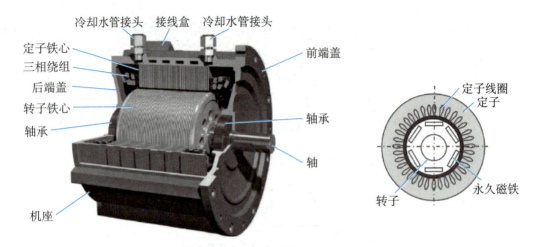

图 3-31 永磁同步电机的组成结构

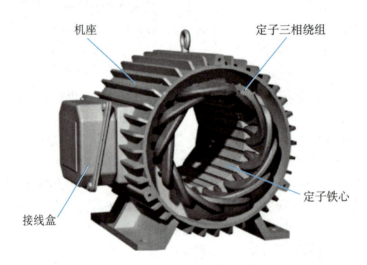

图 3-32 永磁同步电机定子

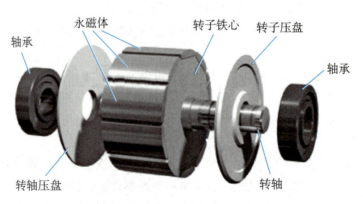

图 3-33 永磁同步电机转子

3）永磁同步电机的驱动电路。

永磁同步电机的驱动电路如图3-34所示，定子绕组产生旋转磁场的机理与感应电动机是相同的，其转子通过永久磁铁产生磁场，两个磁场相互作用产生转矩，定子绕组产生的旋转磁场可看作一对旋转磁极吸引转子的磁极随其一起旋转。

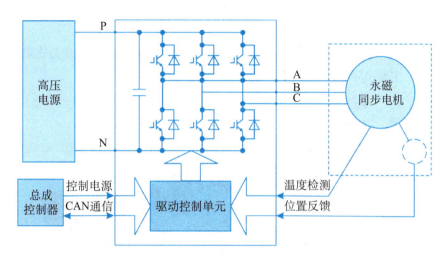

图3-34 永磁同步电机的驱动电路

4）永磁同步电机的工作原理。

永磁同步电机的工作原理如图3-35所示，图中 θ 为功率角，电机的转子是一个永磁体，N、S极沿圆周方向交替排列，定子可以看作一个以速度 n_0 旋转的磁场。电机运行时，定子存在旋转磁动势，转子像磁针在旋转磁场中旋转一样，随着定子的旋转，磁场同步旋转。

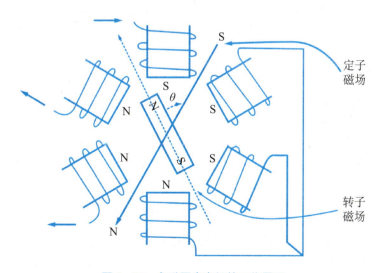

图3-35 永磁同步电机的工作原理

（5）开关磁阻电机。

1）开关磁阻电机简介。

开关磁阻电机（Switched Reluctance Drive，SRD）结构简单、维护方便，启动及低速运转时转矩大、电流小；高速恒功率区范围宽、性能好，在宽广转速和功率范围内都具有高输出和高效率且有很好的容错能力。但开关磁阻电机具有转矩波动大、噪声大等缺点。采用合理设计和控制，开关磁阻电机的噪声可以得到良好的抑制。

2）开关磁阻电机的组成结构。

开关磁阻电机是一种新型电机，相比其他类型的驱动电机而言，开关磁阻电机的结构最为简单，主要由定子绕组、转子凸极等组成，如图3-36所示。

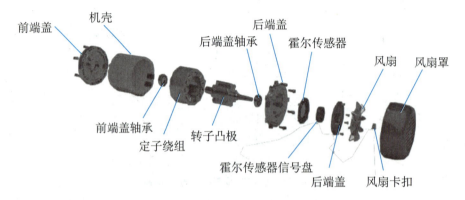

图3-36 开关磁阻电机组成结构

①定子与转子。开关磁阻电机的定子与转子都是由硅钢片叠压而成的，转子上既无绕组又无永磁体，一般装有位置传感器，定子上绕有集中绕组，径向相对的两个绕组串联构成一相绕组。定子与转子均采用凸极铁心结构。开关磁阻电机的定子和转子的凸极数有很多组合方式，定子凸极数量为偶数，转子凸极数量也为偶数，一般转子比定子少两个，共同组成不同极数的开关磁阻电机。常见的组合方式如图3-37所示。

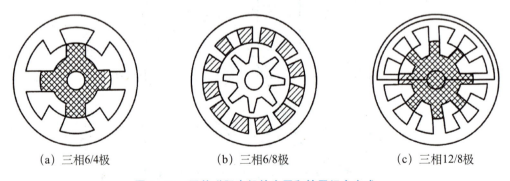

(a) 三相6/4极   (b) 三相6/8极   (c) 三相12/8极

图3-37 开关磁阻电机的定子和转子组合方式

②定子绕组。由于定子与转子都有凸起的齿极，因此这种形式也称为双凸极结构。在定子齿极上绕有线圈（定子绕组），是向电机提供工作磁场的励磁绕组。

3）开关磁阻电机的工作原理。

当定子某相绕组通电励磁时，产生的磁场磁力线由于扭曲而引起切向磁拉力，以使相近转子凸极轴线旋转到与定子的电励磁轴线相对齐的位置，磁阻电机产生特有的有效电磁磁阻转矩，如图 3-38 所示。

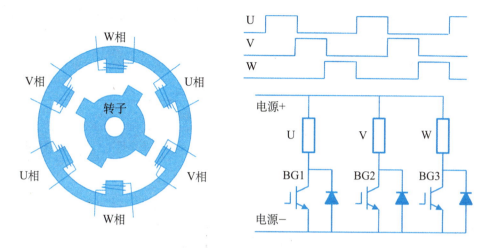

图 3-38 开关磁阻电机的工作原理

（6）轮毂电机。

1）轮毂电机简介。

轮毂电机是将新能源汽车的动力系统、传动系统、制动系统集成到一起而设计出来的电机。这种设计使得电动车辆的机械部分大为简化，且传动效率更高。

2）轮毂电机的组成结构。

轮毂电机一般采用永磁无刷同步电动汽车轮毂电机和开关磁阻轮毂电机，可采用 PWM 控制和交流变频控制。这种完善的产品设计具有效率高、重量轻、寿命长、噪声低、匹配强、结构简单、组装容易、功能齐全、独立悬挂、安全可靠等特点。其组成结构如图 3-39 所示。

图 3-39 轮毂电机的组成结构

3）轮毂电机的工作原理。

轮毂电机被认为是新能源汽车驱动系统的最佳解决方案，其最大的特点是将驱动、传动和制动装置都整合到轮毂内，省略了离合器、变速器、传动轴、差速器、分动器等传动部件，轮毂电机直接将动力传递给车轮。

四类主流驱动电机的性能对比见表 3-1。

表 3-1　驱动电机的性能对比

参数	电机类型			
	直流电机	三相异步电机	永磁同步电机	开关磁阻电机
功率密度	低	中	高	较高
过载能力（%）	200	300～500	300	300～500
峰值效率（%）	85～89	94～95	95～97	90
负荷效率（%）	80～87	90～92	97～85	78～86
功率因数（%）	70～90	82～85	90～93	60～65
恒功率区	1∶1.5	1∶5	1∶2.25	1∶3
转速范围（rpm）	4 000～6 000	12 000～20 000	4 000～10 000	可以大于 15 000
可靠性	一般	好	优良	好
结构的坚固性	差	好	一般	优良
电机的外形尺寸	大	中	小	小
电机质量	重	中	轻	轻

💡 课堂讨论

　　同学们，随着新能源汽车的普及，各种不同类型的新能源汽车驱动电机也成为消费者们讨论的新名词。那么，各种类型的驱动电机有哪些优点和缺点呢？哪种驱动电机的综合性能最佳呢？请谈谈你的看法。

三、驱动电机冷却系统简介、组成结构及工作原理

1. 驱动电机冷却系统简介

电动汽车电驱系统中的驱动电机和电机控制器在工作过程中会产生大量热量，这些热量会对电驱系统的正常工作和使用寿命造成不良影响。电动汽车冷却系统的作用就是将驱动电机、驱动电机控制器、动力电池、车载充电机和其他部件产生的热量及时散出

去，保障电动汽车在要求的温度范围内稳定、高效地工作。

2. 驱动电机冷却系统的组成结构

吉利帝豪 EV450 动力总成部分冷却系统包括驱动电机总成、冷却水泵、膨胀水箱、散热器、冷却风扇及相关管路等，如图 3-40 所示。

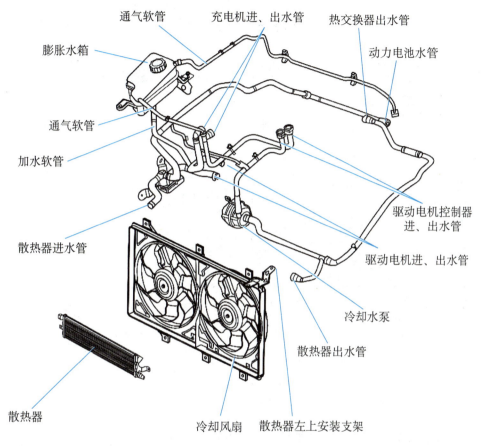

图 3-40　驱动电机冷却系统的组成结构

> **相关链接**
>
> 　　2023 年 11 月，比亚迪高端品牌——仰望汽车旗下百万级新能源越野车仰望 U8 豪华版首批量产车正式下线。仰望 U8 搭载自主研发、国内首创的"易四方"技术与全球首款新能源越野车专属的智能液压车身控制系统云辇-P 技术。"易四方"技术是中国国内首个量产的四电机驱动技术，能够凭借四电机独立矢量控制技术对车辆四轮动态实现精准控制，从而给汽车安全提供更可靠的保障。"易四方"可实现车辆原地掉头、应急浮水、爆胎后稳定行驶等功能。

3. 驱动电机冷却系统的工作原理

冷却液的流向为从散热水箱下部出来后，经电动水泵后先对驱动电机控制器进行冷却，从驱动电机控制器流出的冷却液进入车载充电机低位进水口，然后流出到驱动电机的冷却管路中，最后回流到散热水箱的上回流口，形成水循环系统。冷却过程中，冷却液会因为温度升高而膨胀，溢出的冷却液经过溢流管进入膨胀水箱；温度下降时，冷却液由膨胀水箱经过三通阀进入冷却管路，如图 3-41 所示。

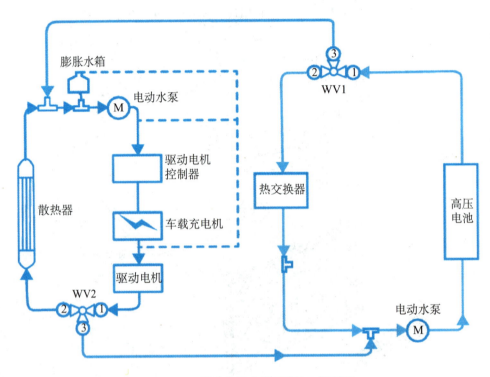

图 3-41 驱动电机冷却系统的工作原理

（1）散热器。

EV450 的散热器属于横流式散热器，主要由左储水室、右储水室、散热器片、散热器芯、进水管接口、出水管接口、放水螺栓以及溢流管接口等部件组成，如图 3-42 所示。散热器各散热片之间留有空隙，空气从散热片的空隙中通过，冷却液在散热器芯内流动，冷却空气将冷却液中的热量带走。散热器实质上是一个热交换器。

（2）膨胀水箱。

膨胀水箱由溢流管接口、膨胀水箱盖、壳体、补偿管接口等组成，一般选用白色或淡黄色等浅色系，并且在膨胀水箱外部压制 "MAX" 和 "MIN" 刻度标示，便于观察冷却液液位，如图 3-43 所示。膨胀水箱的主要作用就是冷却液温度升高时，冷却液体积发生膨胀，散热器里膨胀的冷却液会回流到膨胀水箱，防止散热器压力过高；相反，当散热器里的冷却液不足时，则补充散热器水位。

（3）电动水泵。

电动水泵主要由电机壳体、碳刷架、碳刷、转子、永久磁铁、水泵底盖、水泵叶轮、水泵外壳等组成，如图 3-44 所示。水泵是整个冷却系统唯一的动力元件，负责为

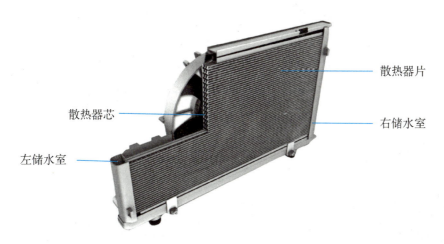

图 3 - 42　散热器的组成结构

散热器片

散热器芯

右储水室

左储水室

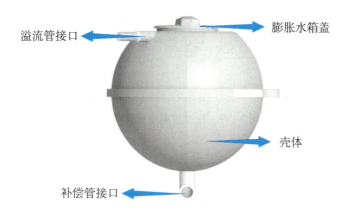

溢流管接口

膨胀水箱盖

壳体

补偿管接口

图 3 - 43　膨胀水箱组成

冷却液的循环提供机械能。由于电动汽车和传统汽车有着一定的区别，因此电动汽车的水泵驱动方式由机械传动变为电机驱动。

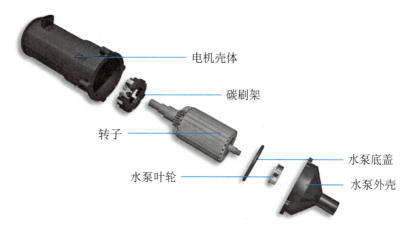

电机壳体

碳刷架

转子

水泵底盖

水泵叶轮

水泵外壳

图 3 - 44　电动水泵结构

（4）冷却液温度传感器。

冷却液温度传感器主要由铜壳体、绝缘壳体、针脚、绝缘套和热敏电阻等组成，如图 3-45 所示。冷却液温度传感器为负温度系数电阻，即随着温度的升高，其电阻值下降。冷却液温度传感器的工作原理是主控器通过传感器电阻的变化测量其电压值，并推算出冷却液温度。

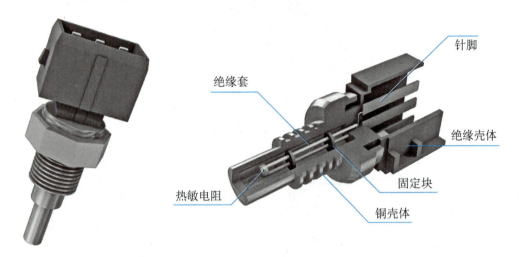

图 3-45　冷却液温度传感器结构

 任务实施

1. 设备及工具

驱动电机台架 4 台。

2. 分配任务

每 5~8 人为一组，选出 1 名组长、1 名记录员，组长对小组任务进行分工，记录员负责任务进度以及和其他组进行沟通，组员按组长要求完成相关任务。具体任务要求如下：

（1）任务一：维修作业前准备工作。

实训开始前，组长带领各组员对防护装备、绝缘工具、高压指示牌等进行检查，见表 3-2。

表 3-2　安全防护确认表

检查内容	记录检查结果
绝缘手套等工具是否破损、缺失	
绝缘工具是否齐全、完好	

（2）任务二：永磁同步电机结构认知，见表 3-3。

表 3-3　永磁同步电机结构认知

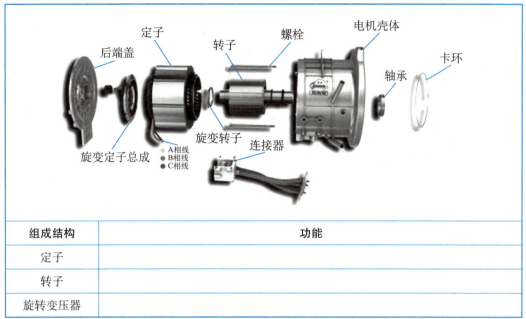

组成结构	功能
定子	
转子	
旋转变压器	

（3）任务三：开关磁阻电机结构认知，见表 3-4。

表 3-4　开关磁阻电机结构认知

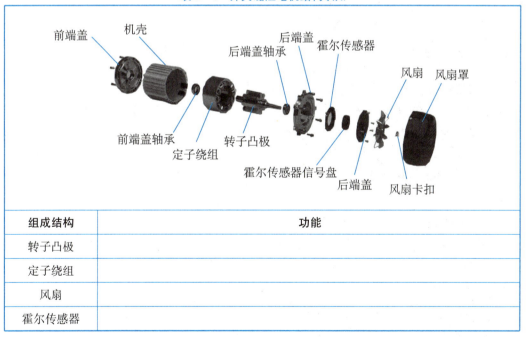

组成结构	功能
转子凸极	
定子绕组	
风扇	
霍尔传感器	

3. 任务工单

任务工单见表 3-5。

表 3-5　任务工单

任务名称						
姓名		班级			学号	
任务地点		任务时间			日期	
设备及工具						
工作计划					任务结果	
任务一						
任务二						
任务三						
根据任务结果写出整改建议或学习计划						

学习测试

一、填空题

1. 无刷直流电机主要由_____、_____和_____三部分组成。

2. 异步电机是利用_____中产生的_____与转子绕组内的_____相互作用而工作的。

3. 永磁同步电机主要是由_____、_____、_____、_____和_____组成。

二、判断题

1. 三相电机定子产生的旋转磁场的方向可以通过改变任意两相电流的相序而改变。（　　）

2. 交流感应电机转子的转向与旋转磁场的转向相等。（　　）

3. 永磁同步电机转子转速与定子绕组所产生的旋转磁场的速度一样。（　　）

三、选择题

1. 定子绕组以互隔（　　）对称排列在定子铁心上面，形成三相绕组。

　　A. 90°　　　　　　B. 180°　　　　　　C. 120°　　　　　　D. 60°

2. 旋转变压器是一种（　　）式传感器，用来测量旋转物体的转轴角位移和角速度。

A. 电感　　　　B. 电容　　　　C. 电磁　　　　D. 电流

3. 开关磁阻电机是指电机各相磁路的（　　）随转子位置而变化。

A. 磁畴　　　　B. 磁性　　　　C. 磁阻　　　　D. 磁力

 任务 2　**电机减速器的拆装与检测**

知识储备

🔲 知识微课堂

纯电动汽车驱动单元通常主要包括一个大功率的驱动电机和用于将电机进行减速的减速齿轮机构，或者其他形式的减速齿轮机构。同时根据驱动单元的设计不同，一些车辆驱动单元需要有差速机构。

驱动电机减速
机构原理与拆装

电动汽车的动力传动系统是电动汽车的核心部分，其性能决定着电动汽车运行性能的好坏。减速器用来降低转速和增大转矩，以满足工作需要。减速器结构紧凑，效率较高，传递运动准确可靠，使用维护方便，可以成批生产，因此应用非常广泛。按照传动级数不同，减速器可分为单级减速器和多级减速器。减速器的种类繁多，乘用车目前多使用单级齿轮减速器。

一、电机减速器的组成结构及功能

1. 电机减速器概述

减速器介于驱动电机和驱动半轴之间，驱动电机的动力输出轴通过花键直接与减速器输入轴齿轮连接。一方面，减速器将驱动电机的动力传给驱动半轴，起到降低转速、增大转矩的作用；另一方面，减速器满足汽车在转弯及在不平路面上行驶时，左右驱动轮以不同的转速旋转的要求，以保证车辆的平稳运行。电动汽车动力传递路线如图 3 - 46 所示。

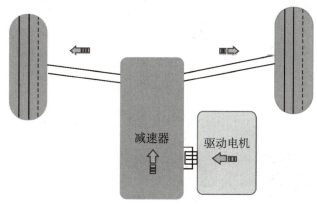

图 3 - 46　电动汽车动力传递路线

　　减速器动力传动机械部分是依靠两级齿轮副来实现减速增扭的。其按功用和位置分为五大组件：右箱体、左箱体、输入轴组件、中间轴组件、差速器组件。动力由电动机输入，经过一级减速齿轮减速将动力传至主减速器，再由差速器将动力分配至两侧车轮，如图 3 – 47 所示。

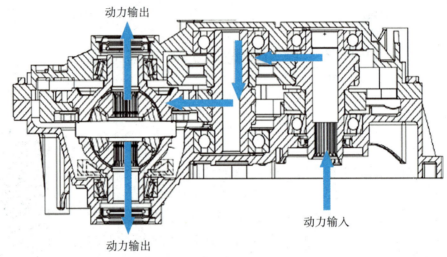

图 3 – 47　减速器动力传递路线

2. 减速器的安装位置及组成结构

　　吉利帝豪 EV450 减速器安装于汽车前机舱，安装位置如图 3 – 48 所示，主要组成结构有输入轴、输入轴齿轮、中间轴、输出轴、输出轴齿轮、驻车棘爪等，如图 3 – 49 所示。

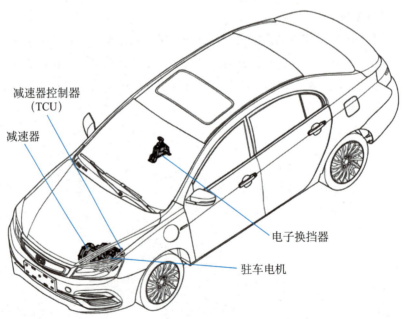

图 3 – 48　减速器的安装位置

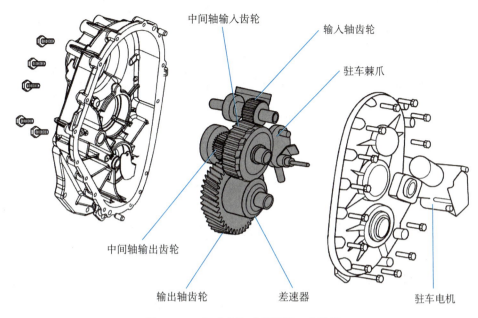

中间轴输入齿轮

输入轴齿轮

驻车棘爪

中间轴输出齿轮

输出轴齿轮　　　　差速器　　　　　　　　驻车电机

图 3-49　驱动电机减速器的组成结构

3. 减速器参数

吉利帝豪 EV450 减速器参数见表 3-6。

表 3-6　EV450 减速器参数

参数	数值	单位
转矩	300	N·m
转速	≤14 000	r/min
减速器速比	8.28:1	—
减速器油量	1.7±0.1	L
润滑方式	飞溅润滑	—
减速器最高输出转矩	2 500	N·m
效率	>95%	—

二、减速器传动系统控制原理

驾驶员操作电子换挡器进入 P 挡，电子换挡器将驻车请求信号发送到整车控制器（VCU），VCU 结合当前驱动电机转速及轮速情况判断是否符合驻车条件。当符合条件时，VCU 发送驻车指令到减速器控制器（TCU），TCU 根据驻车条件判断是否进行驻车，TCU 控制驻车电机进入 P 挡，锁止减速器，如图 3-50 所示。

TCU 控制减速器上的换挡电动机。驻车电机有一个编码器，输出代码用来确定驻车电机位置。TCU 接口通过汽车 CAN 总线接受来自其他车辆系统的信息（驱动电机转速、车速、停车请求等），如图 3-51 所示。

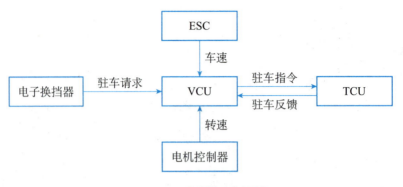

图 3－50　减速器驻车控制 1

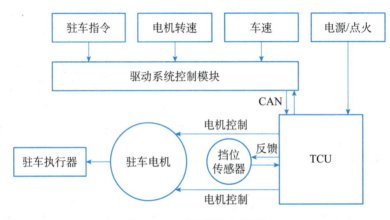

图 3－51　减速器驻车控制 2

三、减速器总成的拆装与检测

1. 减速器壳体分解

（1）将减速器与驱动电机分离。

（2）拆卸图 3－52 所示的 TCU 控制模块的 2 颗紧固螺栓①，取下 TCU 控制模块。

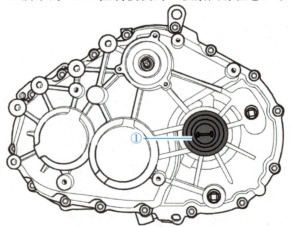

图 3－52　拆卸 TCU 控制模块

（3）拆卸图 3-53 所示电机的 3 颗紧固螺栓②与 1 颗支架紧固螺栓③，取下驻车电机。

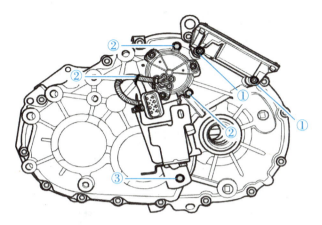

图 3-53　取下驻车电机

（4）使用合适的工具拆卸图 3-53 所示的半轴油封①。

注意：半轴油封为一次性零部件，每次拆卸后需要更换新的半轴油封。

（5）拆卸图 3-54 中箭头指示的减速器前箱体紧固螺栓。

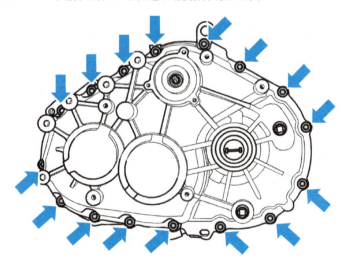

图 3-54　拆卸减速器前箱体紧固螺栓

（6）使用合适的工具撬下减速器前箱体，如图 3-55 所示。

（7）拆卸图 3-56 所示的减速器后箱体内的换挡轴①。

注意：不要撬减速器壳体密封面。

（8）拆卸图 3-57 所示的减速器后箱体内的 P 挡锁止轴①。

（9）向上取出图 3-58 所示的输入轴①。

（10）向上取出图 3-59 所示的差速器总成中间轴①，最后向上取出差速器②。

（11）使用卡簧钳拆卸图 3-60 所示的 P 挡齿圈固定卡扣①。取下 P 挡齿圈。

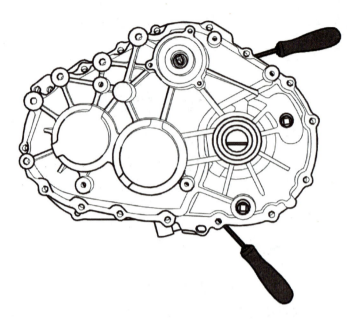

图 3 - 55 撬下减速器前箱体

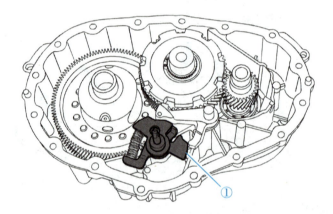

图 3 - 56 拆卸换挡轴

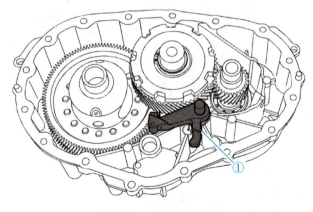

图 3 - 57 拆卸锁止轴

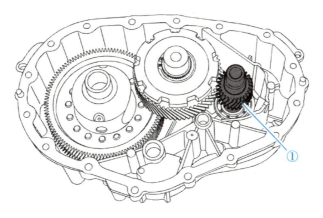

图 3 - 58 拆卸输入轴

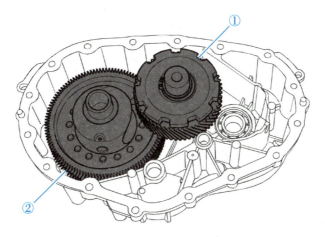

图 3 - 59 取出中间轴、差速器

图 3 - 60 拆卸 P 挡齿圈

（12）拆卸图 3 - 61 所示的输入轴密封圈①。

注意：输入轴密封圈为一次性零部件，每次拆卸后需要更换新的输入轴密封圈。

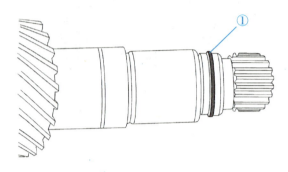

图 3 - 61 拆卸输入轴密封圈

（13）使用合适的工具拆卸图 3 - 62 中的输入轴油封①和半轴油封②。

注意：油封为一次性零部件，每次拆卸后需要更换新的半轴油封。

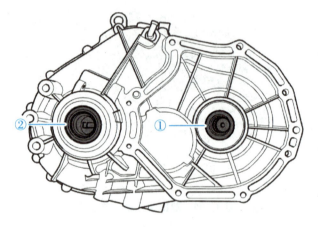

图 3 - 62 拆卸输入轴油封①和半轴油封②

（14）清洗步骤：组装减速器前，清理减速器零部件，清除减速器前后箱体密封面的密封胶。一般使用煤油清除减速器的零部件表面粉尘、铁屑等杂质。

2. 减速器壳体安装

（1）使用合适的工具安装输入轴油封和半轴油封。

注意：注意组装减速器前清理减速器零部件，清除减速器上下壳体密封面的密封胶。

（2）在输入轴上安装新的输入轴密封圈。

注意：输入轴密封圈为一次性零部件，每次拆卸后需更换新的输入轴密封圈。

（3）在中间轴上安装 P 挡齿圈。

（4）在中间轴上安装 P 挡齿圈固定卡扣。

（5）在减速器后箱体上先安装差速器总成，再安装中间轴。

（6）在减速器后箱体内安装输入轴。

（7）安装 P 挡锁止轴和换挡轴。

（8）在减速器后箱体上涂抹密封胶，安装减速器前箱体，采用对角紧固法拧紧减速器前后箱体的紧固螺栓。

（9）使用合适的工具安装半轴油封。

注意：涂抹密封胶时，一定要均匀涂抹，不能断胶。减速器前后箱体紧固螺栓拧紧力矩：31N·m。

（10）安装 TCU，拧紧 TCU 控制模块的 2 颗紧固螺栓（拧紧力矩：9N·m）。

（11）安装电机，拧紧电机的 3 颗紧固螺栓与 1 颗支架紧固螺栓（拧紧力矩：9N·m）。

3. 驱动电机减速器的检测

（1）减速器油液泄漏检查。

减速器油液泄漏检查主要是检查减速器与驱动电机接缝处、放油口、加油口和油封处。

将车辆停稳，将驱动电机与减速器接缝、放油口、加油口和油封几个位置清理干净，在车辆底下放置一块纸板，1～2 分钟后，观察纸板上变速器位置有无油渍，如果有油渍，则可以根据油渍位置判断漏油的大致位置。

漏油相对渗油速度较快，渗油需要比较长的时间才能发现。

如果安装了车底护板，以上方法不便检查，则需要举升车辆，拆卸护板，目视检查驱动电机与减速器安装配合处有无油渍，如图 3-63 所示。

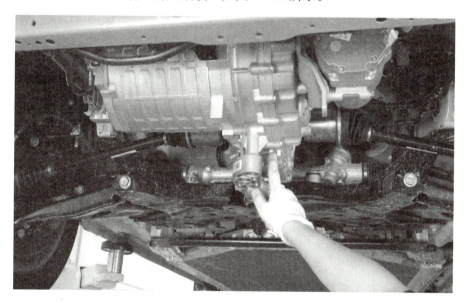

图 3-63　减速器油液泄漏检查

（2）减速器油液液位检查。

注意：减速器油的温度对油位影响较大，因此只有变速器油温处于 35℃～50℃ 时检查的油位才最准确。检查油位时，车辆一定要处于水平位置。

1) 操纵举升机将车辆举升到适当高度，并锁止举升机。

2) 拧松减速器注油螺栓。

注意：禁止使用已严重磨损的工具拆卸注油螺栓，否则容易造成滑方，给拆卸带来更大的困难。

3) 旋下注油螺栓并放好。

4) 查看减速器内油面位置，减速器油液面应与加注孔下缘平齐，如果油位低，则检测变速器油是否存在泄漏现象，并及时加注。

注意：为了看清油面位置，可以配合灯光照明。减速器油面应位于加注孔下缘0～5 mm 范围内，如果减速器油面正常，则将注油螺栓按照规定力矩拧紧。

（3）减速器油液更换。

1) 举升车辆，并在减速器放油螺栓下安放容器，松开放油螺栓，待油完全排出后紧固，如图 3-64 所示。

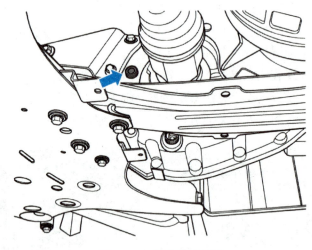

图 3-64　松开放油螺栓

2) 打开如图 3-65 所示的减速器注油螺栓，在此处加入规定容量的变速器油。

3) 油面高度以加注孔下沿为准，如图 3-66 所示。

4) 重复减速器油液检查程序，检查油液是否符合规定。

🚗 任务实施

1. 设备及工具

吉利帝豪 EV450 实训车辆 4 台、拆装工具 4 套。

2. 分配任务

每 5～8 人为一组，选出 1 名组长、1 名记录员，组长对小组任务进行分工，记录员负责任务进度以及和其他组进行沟通，组员按组长要求完成相关任务。具体任务要求如下：

（1）任务一：维修作业前准备工作。

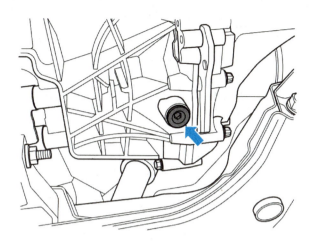

图 3-65 打开减速器注油螺栓

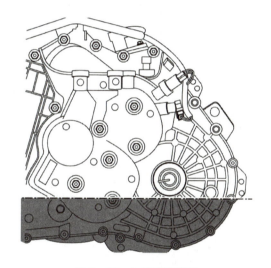

图 3-66 加注减速器油

任务开始前，组长带领各组员对防护装备、绝缘工具、高压指示牌等进行检查，见表 3-7。

表 3-7 安全防护确认表

检查内容	记录检查结果
绝缘手套等工具是否破损、缺失	
绝缘工具是否齐全、完好	
任务现场是否有高压警示标志	
任务现场是否有减速器油桶	

（2）任务二：吉利帝豪 EV450 驱动电机减速器分解，见表 3-8。

表 3-8　减速器分解步骤

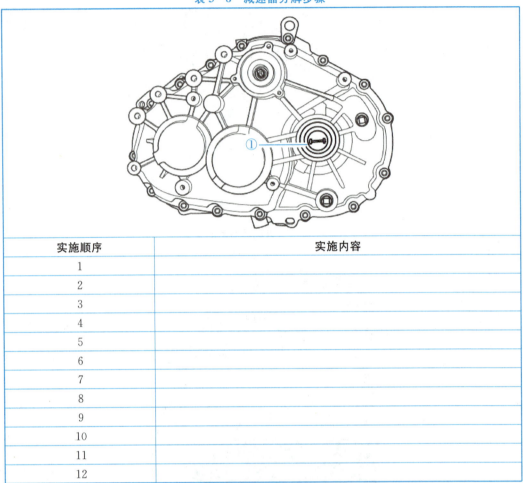

实施顺序	实施内容
1	
2	
3	
4	
5	
6	
7	
8	
9	
10	
11	
12	

（3）任务三：减速机构油液泄漏检查，见表 3-9。

表 3-9　减速机构油液泄漏检查表

续表

实施顺序	实施内容
1	
2	
3	
4	

3. 注意事项

（1）禁止使用已严重磨损的工具拆卸注油螺栓，否则容易造成滑方，给拆卸带来更大的困难。

（2）油封为一次性零部件，每次拆卸后需要更换新的半轴油封。

4. 任务工单

任务工单见表3-10。

表3-10　任务工单

任务名称					
姓名		班级		学号	
任务地点		任务时间		日期	
设备及工具					
	工作计划			任务结果	
任务一					
任务二					
任务三					
根据任务结果写出整改建议或学习计划					

学习测试

一、填空题

1. 减速器介于_____和_____之间，驱动电机的动力输出轴通过_____直接与_____连接。

2. 减速器的作用是一方面将驱动电机的动力传给_____起到_____的作用，另一方面满足汽车转弯及在不平路面上行驶时，左右驱动轮_____的要求，保障车辆的平稳运行。

3. 减速机构油液泄漏检查主要是检查_____、_____、_____和_____。

二、判断题

1. 减速器油温处于35℃～50℃时检查的油位才最准确。（　　　）

2. 输入轴密封圈为一次性零部件，每次拆卸后需要更换新的输入轴密封圈。（　　　）

3. 减速器前后箱体紧固螺栓拧紧力矩为31N·m。（　　　）

三、选择题

1. 吉利帝豪EV450的驱动电机减速器使用的润滑方式是（　　　）。

    A. 脂润滑   B. 油润滑   C. 滴油润滑   D. 飞溅润滑

2. 减速器动力传动机械部分是依靠（　　　）级齿轮副来实现减速增扭的。

    A. 一   B. 二   C. 三   D. 四

3. 减速器的动力传递路线是（　　　）。

    A. 驱动电机→输入轴→输入轴轴齿→中间轴齿轮→中间轴轴齿→差速器半轴齿轮→左右半轴→左右车轮

    B. 驱动电机→输入轴→输入轴轴齿→差速器半轴齿轮→中间轴轴齿→中间轴齿轮→左右半轴→左右车轮

    C. 驱动电机→输入轴→输入轴轴齿→中间轴齿轮→中间轴轴齿→左右半轴→差速器半轴齿轮→左右车轮

    D. 驱动电机→输入轴→输入轴轴齿→中间轴轴齿→中间轴齿轮→差速器半轴齿轮→左右半轴→左右车轮

知识微课堂

旋转变压器工作
原理及检测

任务3　驱动电机的更换与故障诊断

知识储备

驱动电机作为新能源汽车的核心动力部件，其性能状态直接影响整车的动力性、经济性和行车安全。因此，掌握驱动电机的更换与故障诊断技术，对于新能源汽车的维修与保养至关重要。本任务旨在通过实践操作，使学生能够熟练掌握驱动电机的更换流程、故障诊断方法及工具使用技巧，提高新能源汽车的维修效率和质量。

一、驱动电机的更换

1. 吉利帝豪 EV450 高压系统断电

（1）吉利帝豪 EV450 高压系统具有高压互锁功能，断开某一高压系统的插接器，高压系统会自动断电。打开前机舱盖，如图 3-67 所示，断开蓄电池负极电缆，然后等待至少 5 分钟。

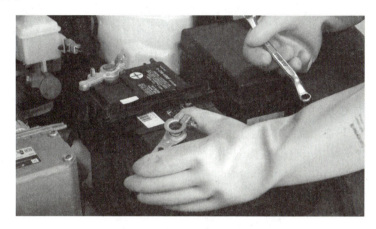

图 3-67　断开蓄电池负极电缆

（2）找到车载充电机（集成高压配电盒）直流母线插接器，佩戴绝缘手套，向上推动直流母线插接器卡扣保险，向上拉起直流母线插接器卡扣，插接器会松开，向外完全拔出直流母线插接器，如图 3-68 所示。

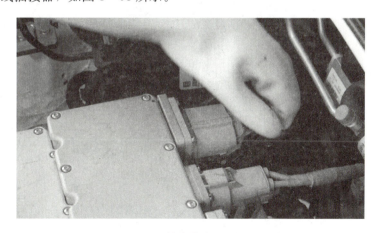

图 3-68　拔出直流母线接插器

（3）拔出直流母线插接器后，至少等待 5 分钟。将万用表量程调整到直流 1 000V 挡，如图 3-69 所示，使用万用表测量直流母线端正负极之间的电压，此时电压应低于 1V。

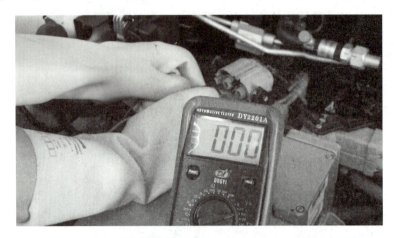

图 3 - 69　直流母线端正负极之间的电压

2. 拆卸驱动电机

（1）断开 TCU 控制器插头①（驻车电机线束插头）。

（2）断开减速器驻车电机插头②。

（3）拆卸线束卡扣③，如图 3 - 70 所示。

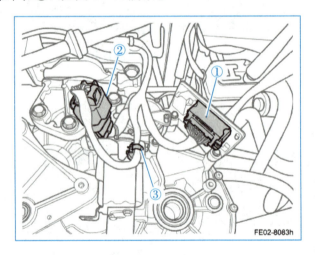

图 3 - 70　断开 TCU 插头

（4）断开驱动电机线束插头①。

（5）拆卸线束卡扣②，如图 3 - 71 所示。

（6）拆卸搭铁线束，如图 3 - 72 所示。

（7）拆卸驱动电机进、出水管环箍，如图 3 - 73 所示。

注意：水管脱开前，请在车辆底部放置容器，接住防冻液，以免污染地面。拆卸或安装水管环箍时都应使用专用的环箍钳。

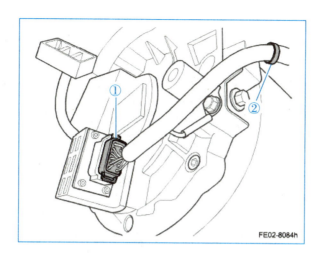

图 3 - 71　拆卸线束卡扣

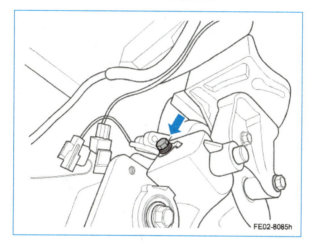

图 3 - 72　拆卸搭铁线束

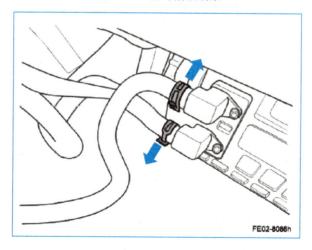

图 3 - 73　拆卸驱动电机进、出水管环箍

（8）拆卸后悬置，放置举升平台车，如图 3 - 74 所示。

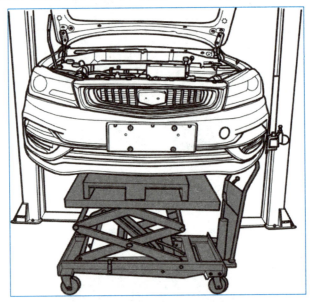

图 3 - 74　放置举升平台车

（9）降下车辆，拆卸如图 3 - 75 所示的 2 颗动力总成紧固螺母。

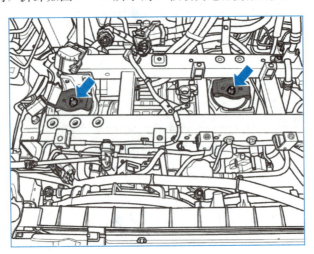

图 3 - 75　拆卸动力总成紧固螺母

（10）缓慢下降举升平台车，将动力总成从车上取下。

（11）拆卸驱动电机及减速器总成之间的连接螺栓，将驱动电机和减速器分离，如图 3 - 76 所示。

3. 安装驱动电机

（1）将驱动电机和减速器组装在一起，紧固驱动电机及减速器连接螺栓，力矩为 23N·m。

（2）将动力总成放置在举升平台上，缓慢下降举升平台车，如图 3 - 77 所示。

（3）紧固 2 颗动力总成固定螺母，力矩为 80N·m，如图 3 - 78 所示。

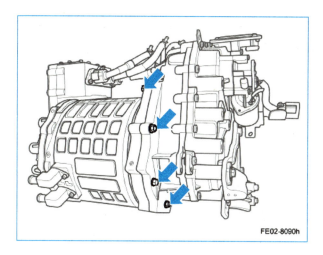

图 3 - 76　拆卸驱动电机连接螺栓

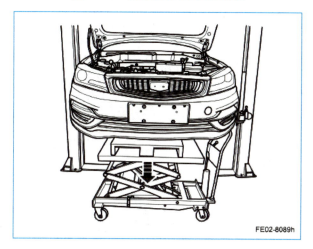

图 3 - 77　下降举升平台车

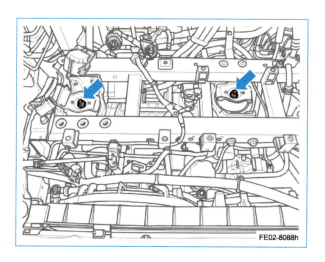

图 3 - 78　紧固动力总成固定螺母

（4）连接驱动电机进、出水管，如图 3 - 79 所示。

注意：环箍装配位置应该与管路标示线对齐。

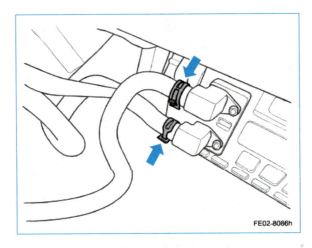

图 3 - 79　连接驱动电机进、出水管

（5）安装线束搭铁线，力矩为 9N·m，如图 3 - 80 所示。

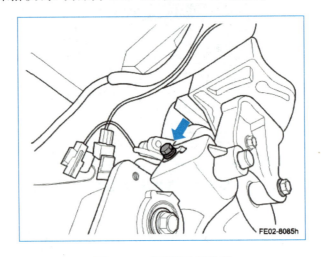

图 3 - 80　安装线束搭铁线

（6）连接驱动电机线束连接器①，安装线束卡扣②，如图 3 - 81 所示。插接时注意"一插，二响，三确认"。

（7）连接 TCU 控制器线束连接器①，连接减速器电机线束连接器②，安装线束卡扣③，如图 3 - 82 所示。插接时注意"一插，二响，三确认"。

二、驱动电机的检测

1. 驱动电机紧固螺栓检查、外观检查和清洁保养

（1）使用压缩空气或干布对驱动电机外壳进行清洁，可以适当使用清洁剂。

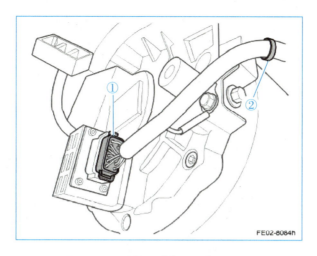

图 3 - 81 连接驱动电机线束连接器

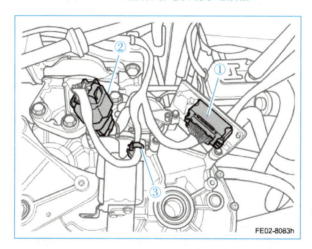

图 3 - 82 连接 TCU 控制器线束

（2）检查驱动电机表面有无油渍，检查驱动电机与减速机构接缝是否漏油。驱动电机外观检查如图 3 - 83 所示。

图 3 - 83 驱动电机外观检查

（3）使用力矩扳手检查驱动电机紧固螺栓是否符合规定力矩。

（4）检查驱动电机上、下水管有无裂痕和接口处是否泄漏，如图3-84所示。

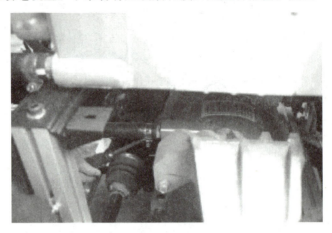

图 3-84　检查管路是否泄漏

2. 驱动电机温度传感器、旋转变压器阻值检查

（1）断开蓄电池负极导线连接，安全举升车辆。如图3-85所示，拔下驱动电机低压插接器。

图 3-85　拔下驱动电机低压插接器

（2）万用表量程选择 20kΩ 挡，分别测量 BV13 端子 1 和端子 2、端子 3 和端子 4之间的电阻，检查两个电机温度传感器电阻值。吉利帝豪 EV450 车型温度传感器端子位置如图3-86所示，检查标准见表3-11。

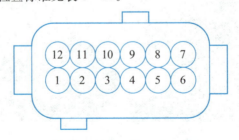

图 3-86　吉利帝豪 EV450 车型温度传感器端子位置

表 3 - 11 温度传感器检查标准

测量位置 A	测量位置 B	测量标准值
端子 1：NTC 温度传感器 1+	端子 2：NTC 温度传感器 1-	−40℃时，正常电阻值为（241±20)Ω 20℃时，正常电阻值为（13.6±0.8)Ω 85℃时，正常电阻值为（1.6±0.1)Ω 电阻值随温度升高而降低，电阻值随温度降低而升高
端子 3：NTC 温度传感器 2+	端子 4：NTC 温度传感器 2-	

（3）万用表量程选择 20kΩ 挡，吉利帝豪 EV450 车型参照表 3 - 12 测量驱动电机旋转变压器电阻值。

表 3 - 12 驱动电机旋转变压器电阻值标准值

测量部件	测量位置 A	测量位置 B	测量标准值
旋变余弦绕组	BV13-7 COSL	BV13-8 COSL	(14.5±1.5)Ω
旋变正弦绕组	BV13-9 SINL	BV13-10 SINL	(13.5±1.5)Ω
旋变励磁绕组	BV13-11 REFL	BV13-12 REFL	(9.5±1.5)Ω

3. 驱动电机绝缘电阻检查

（1）操作前，先铺设翼子板垫，准备室内防护套装，准备绝缘工具、绝缘手套以及与车辆对应的维修手册等，并检查绝缘测试仪，进行高压下电操作。

（2）拆卸电机控制器侧三相线束插接器的 3 颗紧固螺栓，如图 3 - 87 所示。

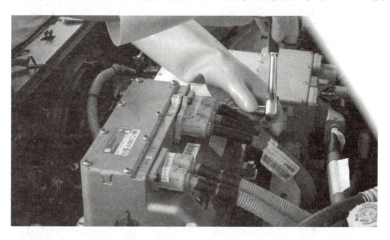

图 3 - 87 拆卸三相线束插接器紧固螺栓

（3）拆卸电机控制器盖板的 8 颗紧固螺栓，如图 3 - 88 所示。

（4）取下电机控制器盖板。

（5）拆卸电机控制器内部的 3 颗三相线束插接器端子紧固螺栓，如图 3 - 89 所示。

（6）从电机控制器上取下三相线束插接器端子，如图 3 - 90 所示。

（7）打开绝缘电阻测试仪电源开关，调节测试电压至 1 000V 挡位，如图 3 - 91 所示。

图 3 - 88　拆卸电机控制器盖板紧固螺栓

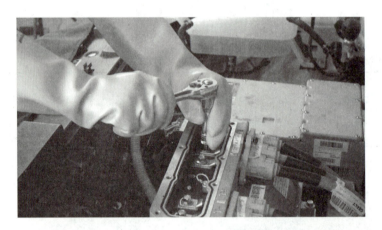

图 3 - 89　拆卸三相线束插接器端子紧固螺栓

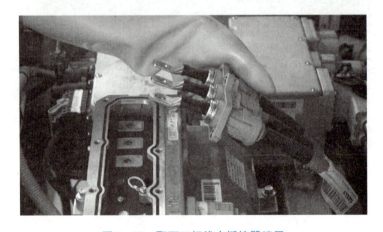

图 3 - 90　取下三相线束插接器端子

　　（8）将绝缘测试仪黑色表笔夹子夹在驱动电机外壳上，红色表笔与三相线束端子可靠接触，如图 3 - 92 所示。

图 3 - 91 调节绝缘电阻测试仪挡位

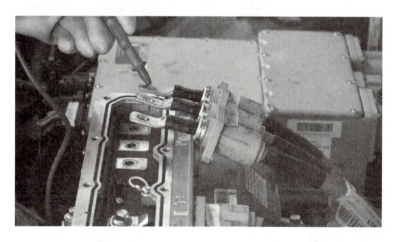

图 3 - 92 连接表笔

（9）按压绝缘测试仪 TEST（测试）按钮，测量当前相线的绝缘电阻值。待绝缘测试仪屏幕显示稳定后，即可得到测量值，如图 3 - 93 所示，驱动电机绝缘电阻值一般不小于 50MΩ。

图 3 - 93 测量绝缘电阻值

（10）依次测量其他两相的绝缘电阻值。测量结束后，先关闭绝缘测试仪的电源开关，再从驱动电机上取下负极夹子。

三、驱动电机的故障诊断

1. 驱动电机故障码的读取与清除

（1）先组装故障诊断仪，按下车辆启动开关使车辆上电。

（2）在仪表台下方找到 OBD 诊断接口，连接故障诊断仪，如图 3-94 所示。

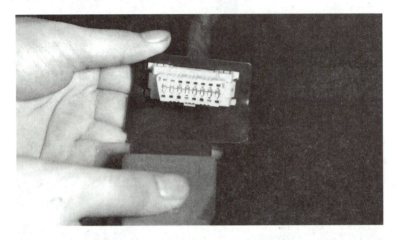

图 3-94　连接故障诊断仪与 OBD 接口

（3）打开故障诊断仪电源开关，选择"诊断"进入车型选择界面，选择当前待检测品牌及型号，如图 3-95 所示。

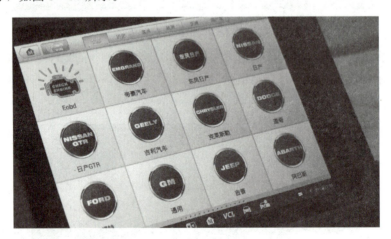

图 3-95　诊断仪设置

（4）在功能选择界面中选择"诊断"，进入图扫描方式选择界面，此界面中有"自动扫描"和"控制单元"两个选项：选择"自动扫描"功能，故障诊断仪进行全车电控单元逐一扫描；"控制单元"选项则允许手动选择需要扫描的控制单元。

（5）执行自动扫描程序。整车控制单元完成后，有故障的控制单元将以红色显示，为了防止电控单元记录偶发故障从而影响诊断的准确性，先清除故障码，如图 3 - 96 所示。故障码清除后，诊断仪会重新自动扫描，有故障的电控单元将被记录。

图 3 - 96　清除故障码

（6）单击有故障码标识的控制单元，进入如图 3 - 97 所示的界面，在此界面中选择"读故障码"，进入故障码详情界面。

图 3 - 97　读取故障码

（7）参考故障诊断表，根据故障码显示详情进行故障诊断排除。

2. 驱动电机数据流的读取与分析

（1）按下车辆启动开关使车辆上电。

（2）连接故障诊断仪。

（3）进入系统，选择相应车型。

（4）选择读取驱动电机数据流。

（5）将读取的数据与汽车厂商给的标准数据进行对比，判断是否符合标准。

任务实施

1. 设备及工具

吉利帝豪 EV450 实训车辆 4 台、拆装工具 4 套。

2. 分配任务

每 5~8 人为一组，选出 1 名组长、1 名记录员，组长对小组任务进行分工，记录员负责任务进度以及和其他组进行沟通，组员按组长要求完成相关任务。具体任务要求如下：

（1）任务一：维修作业前准备工作。

任务开始前，组长带领各组员对防护装备、绝缘工具、高压指示牌等进行检查，见表 3-13。

表 3-13　安全防护确认表

检查内容	记录检查结果
绝缘手套等工具是否破损、缺失	
绝缘工具是否齐全、完好	
任务现场是否有高压警示标志	
是否需要拆卸维修开关以及维修开关放置位置	

（2）任务二：吉利帝豪 EV450 电机温度传感器电阻值检测，见表 3-14。

表 3-14　电机温度传感器电阻值检测

线束端子号	测量值	是否正常
1		
2		
3		
4		

（3）任务三：吉利帝豪 EV450 电机旋转变压器阻值的检查，见表 3-15。

表 3-15　旋转变压器阻值检查表

续表

测量部件	测量值	是否正常
旋变余弦绕组		
旋变正弦绕组		
旋变励磁绕组		

3. 注意事项

（1）检测作业涉及高压系统，决不能带电操作，对高压系统进行检测时，穿戴好个人防护工具，按标准流程规范操作。

（2）任务结束后，需要将车辆及相应工位进行 6S 管理。

4. 任务工单

任务工单见表 3-16。

表 3-16 任务工单

任务名称					
姓名		班级		学号	
任务地点		任务时间		日期	
设备及工具					
	工作计划			任务结果	
任务一					
任务二					
任务三					
根据任务结果写出整改建议或学习计划					

学习测试

一、填空题

1. 吉利帝豪 EV450 高压系统具有_____功能，断开某一高压系统的_____，高压系统会_____。

2. 驱动电机的工作状态检查包括 _____、_____、_____、_____、_____、_____、_____、_____。

3. 驱动电机旋转变压器阻值的检查包括_____、_____、_____。

二、判断题

1. 拆卸蓄电池负极前，必须确保启动开关处于关闭状态，并将车钥匙放在口袋里，等 5 分钟后进行验电，符合要求后，方可进行下一步操作。（　　）

2. 更换驱动电机总成前必须进行高压断电。（　　）

3. 使用绝缘电阻测试仪进行测试时不需要佩戴绝缘手套。（　　）

三、选择题

1. 吉利帝豪 EV450 新能源汽车采用的驱动电机类型是（　　）。

　　A. 直流电机　　　　B. 三相异步电机　C. 永磁同步电机　D. 开关磁阻电机

2. 驱动电机绝缘性能检测中，绝缘测试仪测量驱动电机绝缘电阻值（　　），则绝缘性能正常。

　　A. ≥5MΩ　　　　　B. ≥10MΩ　　　　　C. ≥15MΩ　　　　　D. ≥20MΩ

3. 检测驱动电机匝间是否存在短路，使用万用表电阻挡，测量 U、V、W 三相线束端子间的电阻值，若（　　），则说明电机可能有匝间短路。

　　A. 三相电阻值相等　　　　　　　　B. 三相电阻值偏差较小

　　C. 三相电阻值偏差较大　　　　　　D. 其中两相电阻值相等

● 项目小结 ●

　　本项目主要对驱动电机动力总成结构认知、电机减速器的拆装与检测、驱动电机的更换与故障诊断三个任务进行了学习，主要学习了驱动电机的组成结构、拆装更换以及故障诊断。

　　通过本项目的学习，学生可以较全面地掌握新能源汽车驱动电机动力总成的结构以及装配。通过项目实施，学生可以正确地对驱动电机系统进行拆装与更换，提升技能水平并培养良好的工匠精神。

项目 4　驱动电机控制系统结构原理与检测

项目导读

驱动电机控制器是新能源汽车电驱动系统的重要核心部件，它的作用主要是按照驾驶员的各项指令驱动电机运转。当驾驶员踩下加速踏板时，驱动电机控制器能够驱动电机加速运转，实现加速超车；当驾驶员踩下制动踏板时，驱动电机控制器能够将电机制动产生的电能回收，给动力电池充电。

那么驱动电机控制器由哪几部分组成？它的工作原理是什么？在新能源汽车上如何检修驱动电机控制器？通过本项目的学习，相信读者可以找到答案。

学习目标

◯ 知识目标

1. 能准确说出电机控制器的作用。
2. 掌握驱动电机控制器的结构及工作原理。
3. 掌握常见车型驱动电机的位置、检测接口。

◯ 技能目标

1. 能够正确举升车辆，进行车辆高压上、下电操作。
2. 能够正确进行驱动电机控制器工作状态检查。
3. 能够正确进行驱动电机控制器拆装、更换操作。
4. 能够正确查询、读取驱动电机控制器部分电路图。
5. 能够正确连接故障诊断仪，读取电机相关运行参数。
6. 能够正确对驱动电机控制器线束、插接器、端子引发的故障进行诊断，对电机控制器通信模块、低压供电模块进行故障诊断与排除。

◯ 素养目标

1. 了解国产汽车驱动电机控制系统开发及应用情况。
2. 培养认真、严谨的工作态度。

学习导图

驱动电机控制系统结构原理与检测

驱动电机控制系统原理认知	电机控制器结构认知	电机控制系统检测与故障诊断
1.了解电机控制器的工作原理 2.熟悉常见电机控制器的组成、特点及类型 3.描述常用驱动电机控制系统的工作模式	1.了解电机控制器的组成及功能 2.了解电机控制器内部电子元器件及工作原理 3.掌握逆变器及再生制动电路的作用	1.掌握解码仪读取电机控制系统数据流及故障码 2.能够对EV450电机控制器高低压供电回路进行故障诊断与排除

任务 1　驱动电机控制系统原理认知

知识储备

新能源汽车电机控制系统是将驾驶员的各种操作指令传递到整车控制器（Vehicle Control Unit，VCU）后，整车控制器根据收到的指令分析计算驾驶员的意图，再将控制信号传递至电机控制器，电机控制器响应信号，实时调整对电机的控制，并将电机相关工作状态反馈给整车控制器，以实现新能源汽车的起步、加速、减速、怠速、倒车等操作。本任务以吉利帝豪 EV450 为例，其驱动电机控制系统原理如图 4-1 所示。

知识微课堂

驱动电机控制系统组成及工作原理

一、驱动电机控制系统的组成结构

新能源汽车运行时没有尾气排放，为国家"双碳"目标的达成贡献了力量。驱动电机控制系统主要由驱动电机、电机减速器、电机控制器、高压配电箱、高压（低压）线束及相关传感器组成。以如图 4-2 所示的吉利帝豪 EV450 为例，前机舱右侧有五根橙色高压线缆连接的便是电机控制器，这些高压部件之间用橙色高压线缆连接，采用分部件安装。不同车型各部件的安装形式会有差异，但驱动电机控制系统各个核心部件的作用都是相似的。

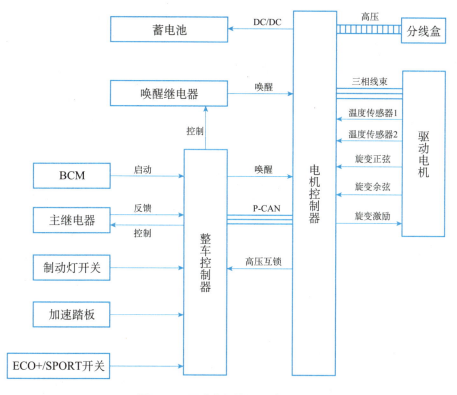

图 4-1　驱动电机控制系统原理图

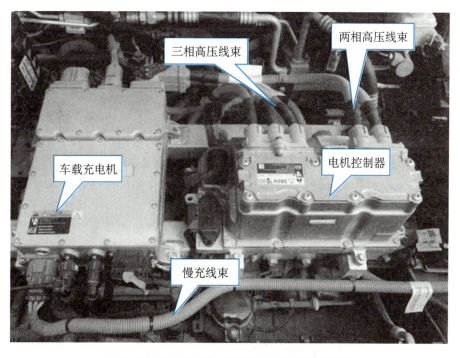

图 4-2　吉利帝豪 EV450 驱动电机控制系统结构

🚗 素养园地

党的二十大报告指出，"积极稳妥推进碳达峰碳中和……立足我国能源资源禀赋，坚持先立后破，有计划分步骤实施碳达峰行动"。这为我国新能源汽车产业的发展提供了新的历史机遇，构建新能源汽车产业低碳发展体系，支撑国家达成"双碳"目标。

1. 驱动电机

与发动机不同，驱动电机不需要怠速，且运转期间较为平稳，因此新能源汽车可以获得较好的乘坐舒适性。即使车辆处于由静止到起步的临界状态，驱动电机也可以输出最大转矩，使车辆获得较大的起步加速度。吉利帝豪 EV450 采用永磁同步电机，安装在车辆前机舱下部，电机控制器安装在前机舱内，与驱动电机连为一体且位于驱动电机上部，如图 4-3 所示。

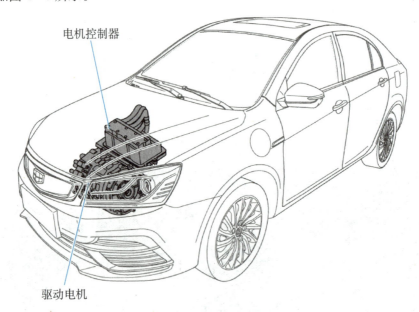

电机控制器

驱动电机

图 4-3 吉利帝豪 EV450 驱动电机系统组件分布

✏️ 1+X 考证技能点

温馨提示：中车行 2-1 模块"新能源汽车动力驱动电机电池技术"中包含驱动电机模块，在该模块中需要读取驱动电机铭牌数据，并记录驱动电机功率、品牌、密封性、种类等信息。

2. 电机控制器

电机控制器是一个既能将动力电池中的直流电转换为交流电，又具备将车轮旋转的动能转换为电能（交流电转换为直流电）给动力电池充电的设备。

电机控制器采用 CAN 通信控制，控制动力电池和驱动电池之间电能的传输，并采集电机位置信号和进行三相交流电流检测，对电机的转速和转矩进行精准控制。同时在车辆进行制动时，电机控制器将车轮旋转的动能转换为电能，即将交流电转换为直流电，给动力电池充电。

电机控制器的三相交流高压线束连接驱动电机，两相直流高压线束并不与动力电池直接连接，而是从动力电池经由车载充电机后再到电机控制器，此时车载充电机充当了高压分线盒的作用，其两相高压电经过车载充电机时并不经过任何转换。

驱动电机的转子高速旋转会产生高温，如果不加以冷却，将会对驱动电机造成损害。驱动电机机体内设置有冷却水道，通过冷却液的循环流动带走热量，防止电机过热。吉利帝豪 EV450 驱动电机冷却系统由冷却水泵、膨胀水箱、散热器、散热器风扇及冷却液管路等组成，如图 4-4 所示。

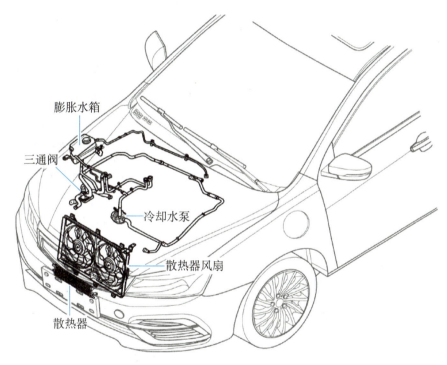

膨胀水箱

三通阀

冷却水泵

散热器风扇

散热器

图 4-4　吉利帝豪 EV450 驱动电机冷却系统组件分布

吉利帝豪 EV450 车型的电机控制器还要具有 DC/DC 变换功能（如图 4-5 所示），作用是直流斩波，其功能是将动力电池的高压电转换为 14V 低压电，为整车提供 14V 低压系统供电，同时给低压蓄电池充电。

3. 驱动电机控制系统传感器

传感器是驱动电机控制系统中用于检测采集信号，并将结果反馈给控制器的电器装置。在新能源汽车中，需要对驾驶员的控制意图和与车辆本身运行状态相关的信号进行采集，因此，新能源汽车驱动电机控制系统中常见有以下传感器。

（1）加速踏板位置传感器。

加速踏板位置传感器的作用主要是传递驾驶员的驾驶意图。驾驶员主要有两方面意

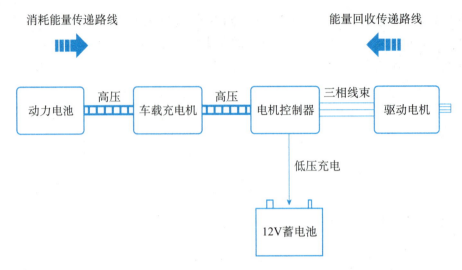

图 4-5　DC/DC 变换功能示意图

图：一是目标车速，二是达到目标车速的时间，即加速度。这两个参数反映到加速踏板位置上，就是加速踏板位置开合的角度以及开度的变化率。加速踏板位置传感器通过采集这两个信号向电机控制器传递驾驶员的意图。

　　吉利帝豪 EV450 的加速踏板位置传感器设计成双输出传感器，两个传感器的输出电压信号都随加速踏板的位置增加而增加。吉利帝豪 EV450 加速踏板位置传感器参数曲线如图 4-6 所示。

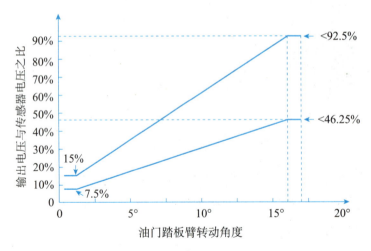

图 4-6　加速踏板位置传感器参数曲线

（2）制动踏板位置传感器。

　　制动踏板位置传感器安装在制动踏板上，用于检测驾驶员实施制动的操作，当整车控制器接收到制动信号时，控制制动器减速并亮起刹车灯。

　　与加速踏板位置传感器的信号类似，制动踏板位置传感器的信号也是经由 VCU 传递到电机控制器，最终转化为驱动电机的控制信号。当驾驶员踩下制动踏板，表现制动或减速意图时，制动踏板开关将踏板位置信号转换成电压信号，通过硬线传递给 VCU。制动踏板开关内部有两组开关，一组为动断，一组为动合，整车控制器通过开关电压变化来判断驾驶员的制动意图，其制动踏板开关信号传递如图 4-7 所示。

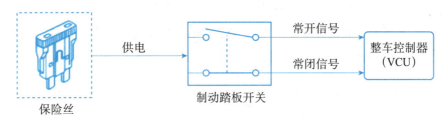

图 4-7　制动踏板开关信号传递图

（3）挡位执行器。

吉利帝豪 EV450 的挡位执行器在扶手栏，利用挡位执行器实行换挡操作，在屏幕的仪表上会显示当前的挡位状态。吉利帝豪车型具有"P"挡、"R"挡、"N"挡以及"D"挡。

1）"P"挡是驻车挡，车辆下电或启动时应处于此挡。启动车辆时，车辆应处于"P"挡，踩下制动踏板，车辆即可从"P"挡切换至其他挡位。

2）"R"挡是倒车挡，必须在车辆完全停止后才可以挂入倒车挡。

3）"N"挡是空挡，当需要暂时停车时使用。无论出于什么原因，只要下车，就必须切换至驻车挡，以免车辆出现溜车等危险状况。

4）"D"挡是行车挡，正常行驶时使用该挡位。

💡 课堂讨论

　　同学们，汽车自诞生以来便伴随着各种车祸事故，汽车在给人们带来便利的同时也带来了一些安全隐患，在实训室进行操作时我们需要做什么来保护自己的安全呢？在检测、维护新能源汽车的时候如何进行高压安全防护呢？请谈谈你的做法。

吉利帝豪 EV450 在挂挡时，有以下几个注意点：

1）按下"P"挡按钮时，为避免损坏制动器，必须在车辆完全停稳后再按下"P"挡按钮。

2）车辆下电并挂入"N"挡后仍让车辆移动，驱动系统（包括电机及减速器）将因无法得到润滑而严重受损。

3）如果车辆正常上电且已挂入"R""D"挡，则务必踩住制动踏板，这是因为即使在怠速工况下，传动系统也可传递动力，车辆可能缓慢前行，误伤他人。

4）车辆不得在"N"或"P"挡下沿斜坡下行，即使驱动电机不运转也不允许。

5）为了防止车辆意外移动，车辆停稳后按下"P"挡按钮，部分车型带有 AUTO-HOLD 功能，可在停稳后自动进入"P"挡。

（4）电机温度传感器。

电机温度传感器主要用于检测驱动电机内部的绕组温度，电机控制器通过温度传感器的温度信号，运转水冷循环系统，从而实现驱动系统的散热功能，避免驱动电机过热后烧损。

如图 4-8 所示，电机温度传感器一般安装在驱动电机绕组上，实时检测并传递电机内部的温度参数给电机控制器，当温度出现异常时，电机控制器会主动降低电机的运行功率，并报告相关故障给 OBD，仪表会显示电机热故障。

电机温度传感器

图 4-8　电机温度传感器

（5）电机旋转变压器。

电机旋转变压器一般安装在电机转子上，它是转子位置传感器，主要用于确定电机转子的位置，便于电机控制器输出正确相位和频率的电压控制电机运转，构成对电机的闭环控制。电机旋转变压器转子安装在电机转子上，会随其共同转动，电机旋转变压器定子安装在驱动电机后盖上。电机旋转变压器如图 4-9 所示。

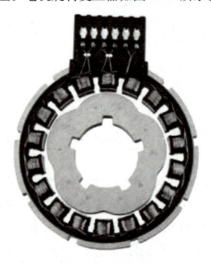

图 4-9　电机旋转变压器

旋转变压器（以下简称旋变）用来测定转子磁极位置，从而为电机控制器内的逆变器（IGBT 模块）提供正确的换向信息。常用的用于角度测量的元器件有光学编码器、磁性编码器和旋转变压器。由于制造、精度、成本的原因，磁性编码器没有其他两种普及；光学编码器的输出信号是数字脉冲信号，数据处理简单方便，因而得到了很好的应用，但信号处理电路比较复杂，价格较高，故障率高；旋转变压器由于具有优良的可靠性和足够高的精度，适应更高的转速，在新能源汽车的永磁同步电机领域得到了广泛的应用，目前新能源汽车上应用的转子位置传感器大都是旋转变压器。吉利帝豪驱动电机中的旋转变压器如图 4 - 10 所示。

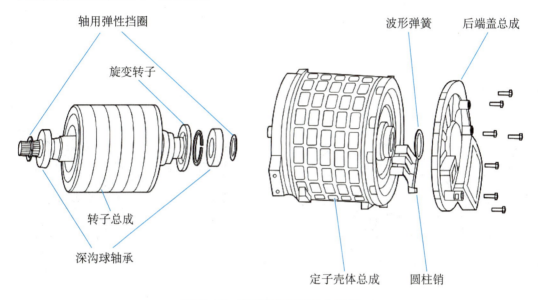

图 4 - 10 吉利帝豪 EV450 电机图

旋转变压器本质上是一台变压器，关键参数也与变压器类似。其与变压器的不同之处，一是旋转变压器的一侧与二侧不是固定安装，二是可以相对运动，随着二者角度的变化，在输出侧可以得到幅值变化的波形。旋转变压器定子上有励磁绕组、正弦绕组和余弦绕组，转子上有 4 个突起。当电机工作时，旋转变压器定子绕组上的励磁绕组产生频率为 10kHz、幅值为 7.5V 的正弦波形作为基准信号。当电机转子与旋转变压器转子一起转动时，旋转变压器转子转过定子线圈，改变定子线圈与转子之间的磁通量，使正弦绕组和余弦绕组受励磁绕组感应，信号幅值产生一定变化，呈正弦和余弦波形，如图 4 - 11、图 4 - 12 所示。

波形的幅值和相位随着转子的转动而发生变化，由此可以判断出电机转子的位置和转速、转向等关键参数。

二、驱动电机控制系统的工作模式

吉利帝豪 EV450 驱动电机控制系统的工作模式主要有转矩控制模式、静态模式、

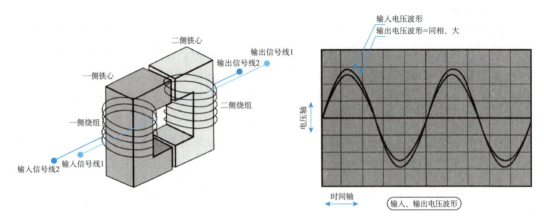

图 4-11 旋转变压器工作原理图 1

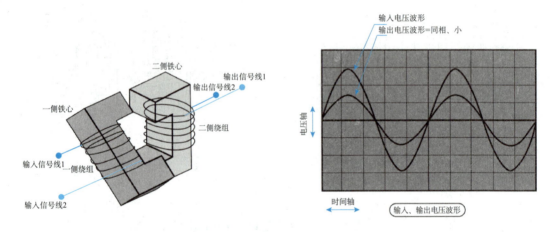

图 4-12 旋转变压器工作原理图 2

主动放电模式、DC/DC 转换器模式以及系统自诊断模式。

1. 转矩控制模式

转矩控制模式的基本原理是电机控制器控制电机轴向四象限的转矩。这个过程中由于没有转矩传感器，转矩指令（由 VCU 发送）被转换成为电流指令，并进行闭环控制。转矩控制模式下，电机控制器只有获得正确的初始偏移角度时才能正常工作。

2. 静态模式

在静态模式下，电机控制器处于待机状态，只有被激活或者出现故障时才工作。

3. 主动放电模式

该模式用在高压直流端电容的快速放电，放电的指令来自整车控制器（VCU）或电机控制器内部故障。

4. DC/DC 转换器模式

吉利帝豪 EV450 电机控制器集成 DC/DC 功能，其作用是将高压直流电转成低压直流电（14V），这个低压的目标值来自整车控制器（VCU）。

5. 系统自诊断模式

当故障发生时，系统根据故障级别使电机控制器进入安全状态。安全状态主要包括主动短路模式（ASC）和滑行模式（FreeWheel）。

目前大部分新能源汽车都带有制动能量回收功能。为了提高电能利用率，提高续航能力，车辆在采取制动时，驱动电机在惯性作用下仍在旋转，此时驱动电机转子可以在车轮带动下旋转，由驱动状态进入发电状态。电机控制器通过对内部 IGBT 模块的控制来调整电机的最大发电电流，这部分能量既可以反向输送给电池包，也在一定程度上起到了制动效果。

🔊 相关链接

2023 年 3 月 20 日，比亚迪汉 EV 冠军版上市。该车型装备最高转速超过 15 000r/min 的高速电驱动系统总成，电机控制器中采用比亚迪自主研发的高性能碳化硅（SiC）模块。该车型成为自主品牌中最快突破 10 万辆的高级电动汽车。

🚗 任务实施

1. 设备及工具

吉利帝豪 EV450 实训车辆 4 台、驱动电机系统台架 4 套。

2. 分配任务

每 5～8 人为一组，选出 1 名组长、1 名记录员，组长对小组任务进行分工，记录员负责任务进度以及和其他组进行沟通，组员按组长要求完成相关任务。具体任务要求如下：

（1）任务一：维修作业前准备工作。

任务开始前，组长带领各组员对防护装备、绝缘工具、高压指示牌等进行检查，见表 4-1。

表 4-1   安全防护确认表

检查内容	记录检查结果
绝缘手套等工具是否破损、缺失	
绝缘工具是否齐全、完好	
任务现场是否有高压警示标志	
是否需要拆卸维修开关以及维修开关放置位置	

（2）任务二：吉利帝豪 EV450 电机控制器模块线束插接器 BV11 端口认知，见表 4-2。

表 4 - 2　BV11 端口认知

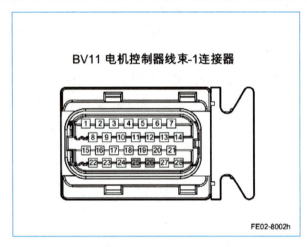

BV11 电机控制器线束-1连接器

FE02-8002h

线束端子号	端子含义	线束颜色
1		
2		
3		
4		
5		
6		
7		
8		
9		
10		
11		
12		
13		
14		
15		
16		
17		
18		
19		
20		
21		
22		

续表

线束端子号	端子含义	线束颜色
23		
24		
25		
26		
27		
28		

（3）任务三：吉利帝豪 EV450 电机控制器旋转变压器端口认知，见表 4 - 3。

表 4 - 3　旋转变压器端口认知

线束端子号	端子含义	线束颜色
BV13-7		
BV13-8		
BV13-10		
BV13-9		
BV13-11		
BV13-12		

3. 注意事项

（1）检测作业涉及高压系统，决不能带电操作，对高压系统进行检测时，穿戴好个人防护工具，按标准流程规范操作。

（2）任务结束后，需要对车辆及相应工位进行 6S 管理。

4. 任务工单

任务工单见表 4-4。

表 4-4　任务工单

任务名称					
姓名		班级		学号	
任务地点		任务时间		日期	
设备及工具					
	工作计划			任务结果	
任务一					
任务二					
任务三					
根据任务结果写出整改建议或学习计划					

学习测试

一、填空题

1. 驱动电机控制系统由_____、_____、_____、高低压线束和相关传感器等组成。

2. 电机控制器的主要功能有：_____、_____和驻坡（防溜车）。

3. 车辆下电或启动时应处于_____位。

二、判断题

1. 电机控制器与整车控制器之间只通过硬线通信。（　　　）

2. 驱动电机温度传感器主要用以检测电机减速器的温度。（　　　）

3. 加速踏板传感器主要反映驾驶员的加速意图。（　　　）

三、选择题

1. 以下不是电机控制器作用的是（　　　）。

    A. 接收驾驶员指令　　　　　　　　B. 反馈给整车控制器

    C. 调整电流输出　　　　　　　　　D. 电池管理功能

2. DC/DC 的功能是（　　　）。

    A. 直流转交流　　　B. 直流转直流　　　C. 交流转直流　　　D. 交流转交流

3. 驻车时必须使用的挡位是（　　　）。

    A. "P"挡　　　　　　B. "N"挡　　　　　　C. "D"挡　　　　　　D. "R"挡

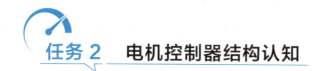

任务 2　电机控制器结构认知

知识储备

考虑到空间布置以及系统的集成度，目前越来越多的新能源汽车将驱动电机、电机控制器、电机减速器、DC/DC 模块等一些功能集成到一个系统模块。在对新能源汽车电驱动系统进行检测、维护时，我们首先需要了解它的结构原理。

一、电机控制器的组成及功能

IGBT 作用及　　　　逆变电路原理　　　　DC/DC 工作原理　　　制动能量回收
工作原理　　　　　　　　　　　　　　　及检测　　　　　　　工作原理

吉利新能源汽车中帝豪 EV300、EV350、EV450 以及帝豪其他纯电车型中的电机控制器的功能基本相同，都安装在汽车前机舱驱动电机的上方。吉利帝豪 EV450 电机控制器外观如图 4 - 13 所示。

电机控制器的 2 根高压线束接线并不是从动力电池包中直接接出，而是从车载充电

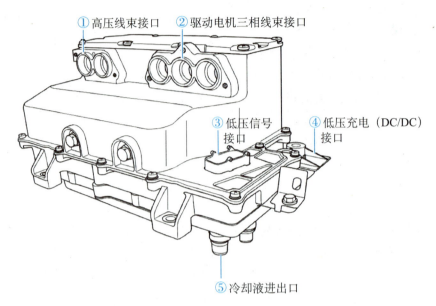

① 高压线束接口　② 驱动电机三相线束接口
③ 低压信号接口　④ 低压充电（DC/DC）接口
⑤ 冷却液进出口

图 4 - 13　吉利帝豪 EV450 电机控制器外观图

机端接出，如图 4 - 2 所示。3 根橙色高压线直接连接驱动电机，用于驱动电机运转。③对应的位置是电机控制器低压信号，包括温度传感器、旋转变压器信号等信号线。④对应的位置是电机控制器的 DC/DC 接口，负责向外输出 14V 低压，用以给低压蓄电池充电和给整车低压电器供电。⑤对应的位置是电机控制器的冷却液进出口，电机控制器在工作的时候需要冷却，以防电子元器件被烧毁。

根据厂家提供的技术手册，吉利帝豪 EV450 电机控制器的常见参数见表 4 - 5。

表 4 - 5　吉利帝豪 EV450 电机控制器参数表

参数	数值	单位
额定功率	42	kW
峰值功率	120	kW
额定转矩	105	N·m
峰值转矩	250	N·m
最高转速	12 000	r/min
电机旋转方向	逆时针	—
温度传感器类型	NTC	—
冷却液类型	乙二醇溶液（浓度 50%）	—
冷却液流速要求	2～6	L/min

吉利帝豪 EV450 电机控制器内部包含 1 个 DC/AC 转换器（逆变器）和 1 个 DC/

DC 转换器。逆变器主要由 IGBT、直流母线电容、驱动和控制电路板等组成，实现直流（可变的电压、电流）与交流（可变的电压、电流、频率）之间的转变。DC/DC 转换器由高低压功率器件、变压器、电感、驱动和控制电路板等组成，实现直流高压向直流低压的能量传递。电机控制器还包含冷却器（通过冷却液）给电子功率器件散热。吉利帝豪 EV450 电机控制器结构原理如图 4-14 所示。

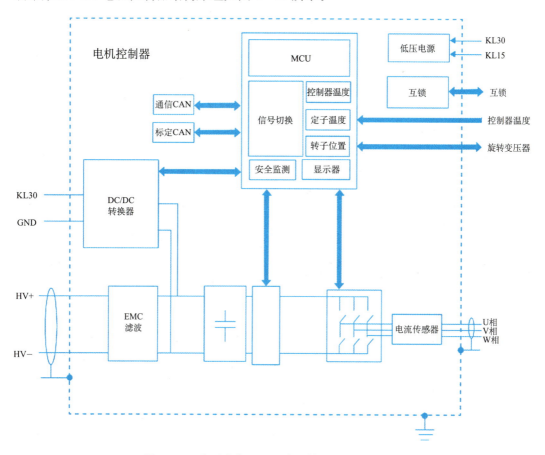

图 4-14　吉利帝豪 EV450 电机控制器结构原理图

电机温度信号、电机旋变信号、互锁信号灯信号传递给电机控制器，电机控制器结合整车控制器传递的驾驶员意图以及电机当前状态，控制 IGBT 模块开关通断来对驱动电机进行控制，同时通过动力总线与车辆其他电控单元交换信息。电机控制器作为高压组件，高压互锁信号通过低压信号接口完成。吉利帝豪 EV450 系列低压信号端子说明见表 4-6。

表 4-6 中标注的是电机控制器低压信号端子的各个说明，在检测的时候需要看清楚端子的顺序，与旋变信号有关的分别是 15、16、17、22、23、24 号端子，电机控制器中有两个温度传感器，即 R1 与 R2，这两个温度传感器负责测量驱动转子的温度。

表 4 - 6　低压信号端子说明

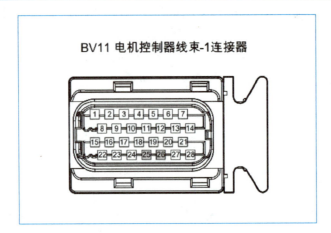

端子号	线束颜色	端子含义	端子号	线束颜色	端子含义
1	Br	整车高压互锁输入	17	W	电机旋变 SINL
4	W/P	整车高压互锁输出	20	Y/V	整车动力 CANH
5	Br/W	电机温度传感器 R2+	21	G/V	整车动力 CANL
6	R	电机温度传感器 R2−	22	Y	电机旋变励磁
7	L/R	电机温度传感器 R1+	23	Gr/W	电机旋变 COSH
10	B	屏蔽搭铁	24	R	电机旋变 SINH
11	B	搭铁	25	P/W	启动电源 K15
13	W/G	电机温度传感器 R1−	26	Rr/W	蓄电池电源 KL30
15	G	电机旋变励磁+	27	W	标定 CANH
16	P	电机旋变 COSL	28	Yv	标定 CANL

二、电机控制器内部电子元器件及其工作原理

电机控制器内部电子元器件主要包括逆变器、DC/DC 降压回路，实现对永磁同步电机的控制、DC/DC 模块的输出以及制动能量的回收调节。下面对电机控制器内部的电子元器件加以介绍。

1. IGBT 模块

电机控制器的主要作用是逆变器，将动力电池包的直流电转变成三相交流电驱动电机，逆变器的核心部件便是 IGBT 模块。IGBT 全称为绝缘栅双极型晶体管（Insulated Gate Bipolar Transistor），这种晶体管结合了三极管（GTR）和功率场效应晶体管（MOSFET）的优点，具有低导通压降和高输入阻抗的综合优点。

三极管属于双极型电流驱动器件，如图 4 - 15 所示。三极管主要有 NPN 和 PNP 两种，其输出电流与输入电流呈一定比例放大，通电流能力较强，但是三极管的开关速度相对较低，驱动电流较大，对驱动电路的要求较高。

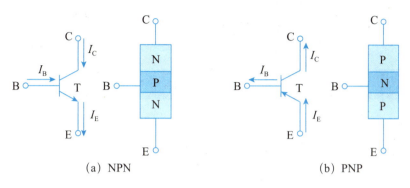

图 4 - 15　三极管结构原理图

功率场效应晶体管（MOSFET）是单极型电压驱动器件，如图 4 - 16 所示。MOS 管是电压驱动型元器件，其优点是开关速度快，输入阻抗高，所需驱动的驱动电压较小，相较于三极管而言驱动电路简单。但是 MOS 管的缺点是导通压降大，易发热。

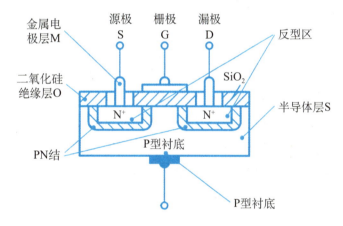

图 4 - 16　MOSFET 结构原理图

将三极管和 MOS 管两类器件的优点，即低导通压降与 MOSFET 的高输入阻抗结合起来制成的复合型器件便是 IGBT 模块。IGBT 的层状结构如图 4 - 17 所示，包括栅极（即门极 G）、集电极 C 和发射极 E 三个端子。IGBT 在 P-MOSFET 的 N^+ 基板上增加一个 P^+ 极板，缓冲区能够减小漂移区厚度，减小通态压降和开关时间，漂移区保证耐压强度。当 IGBT 导通时，电子流从源区通过 N 沟道进入漂移区，其通态等效电路如图 4 - 18 所示。IGBT 的开通和关断受栅极控制：IGBT 的栅极上加正偏置且数值大于开启电压时，IGBT 导通；反之，IGBT 截止。

IGBT 和普通晶体管一样，可以工作在线性放大区、饱和区和截止区，主要作为开关器件应用。在驱动电路上主要研究饱和导通和截止两个状态，使其开通上升沿和关断下降沿都比较陡峭。IGBT 是一种电压型控制器件，它所需要的驱动电流和驱动功率都非常小，可直接与模拟或数字功能模块相接而不需要加任何附加接口电路。

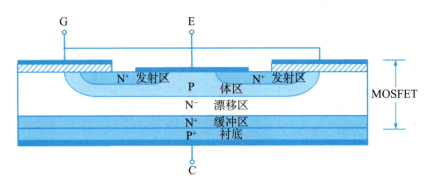

图 4 - 17　IGBT 结构原理图

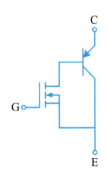

图 4 - 18　IGBT 通态等效电路图

如果 IGBT 栅极与发射极之间的驱动电压过低，则 IGBT 不能稳定地正常工作；如果驱动电压超过栅极与发射极之间的耐压，则 IGBT 可能永久性损坏；同样，如果加在 IGBT 集电极与发射极之间的电压超过集电极与发射极之间的耐压、流过 IGBT 集电极与发射极的电流超过集电极与发射极允许的最大电流，则 IGBT 也会永久性损坏。

素养园地

2014 年 5 月，习近平总书记在视察上海汽车集团股份有限公司时提出，"发展新能源汽车是我国从汽车大国迈向汽车强国的必由之路"。

IGBT 器件是电车的核心零部件，其被誉为驱动机车牵引电传动系统的"高铁之心"。但在 IGBT 芯片上，我国长期以来依赖进口，面临"卡脖子"风险。株洲中车时代电气股份有限公司是我国唯一自主掌握高铁动力 IGBT 芯片及模块技术的企业，一举打破了日本、德国企业对我国长久以来的垄断，使高铁的核心技术掌握在了中国人自己的手中。在新能源汽车领域，IGBT 是电机控制器的核心部件，比亚迪等公司立足自主三电系统自主研发，成为行业引领者。

2. 超级电容和放电电阻

超级电容，又名电化学电容器，是一种新型的储能装置。它是一种介于传统电容与蓄电池之间、具有特殊性能的电源，主要依靠双电层和氧化还原电容电荷储存电能，因而不同于传统的化学电源。超级电容的突出优点是：功率密度高，充放电时间短，循环寿命长，工作温度范围宽。

在需要驱动电机启动时，超级电容能够把储存的能量释放出来供给电路使用，并在接通高压电路时吸收电源的电量，保证驱动电机启动时电压的稳定；断开高压电路时通过电阻给超级电容放电。放电电阻通常和超级电容并联，电源波动时，超级电容会随之充放电以吸收电源波动，稳定电压。

超级电容在接通高压电路时给电容充电，在电机启动时保持电压的稳定；断开高压电路时，通过放电电阻给电容放电，如图 4-19 所示。放电电路出现故障时，会报放电超时导致高压电路断电。在电机控制器工作时，放电电阻会一直消耗电能。

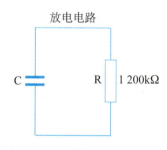

图 4-19　电容放电电路图

3. 逆变器

逆变器的转换电路是将频率、幅值不变的直流电转化成频率、幅值可变的交流电。如图 4-20 所示，在电机控制器逆变电路中，共有 6 个 IGBT 模块，分别为 V_1、V_2、V_3、V_4、V_5、V_6。其工作过程就像一个三极管，但它可以开关很大的电压和电流。图 4-20 中，此时 V_1 导通，来自 U+ 的电压通过 V_1 来到 U 端，V_6 同时导通，使得电流从 W 端经过 V_6 回到 U- 端。通过不断地轮流切换 6 个 IGBT，可以在 U、V、W 这三个端子间产生可控的交流电。

当 U、V、W 三相在初始位置时，U 相电压位于零点，没有电压，W 相电压位于较正电位的高位，V 相电压位于负电位的低位，W 相与 V 相电压之间有较大的电位差，此时，第三组 IGBT 模块的第一个 IGBT 导通，来自高压直流的正极的电流从 W 相线圈流入，第二组 IGBT 模块的第二个 IGBT 导通，电流从 V 相线圈流出回到高压直流的负极，V 相和 W 相线圈产生相应的磁场，如图 4-21 所示。

当 V 相位于零电位时，U 相电压位于零点，没有电压，W 相电压位于较正电位的高位，V 相电压位于负电位的低位，W 相与 V 相电压之间有较大的电位差，此时，第三组 IGBT 模块的第一个 IGBT 导通，来自高压直流的正极的电流从 W 相线圈流入，第二组 IGBT 模块的第二个 IGBT 导通，电流从 V 相线圈流出回到高压直流的负极，V 相和 W 相线圈产生相应的磁场，如图 4-22 所示。

4. DC/DC 模块

吉利帝豪 EV450 的电机控制器集成 DC/DC 模块，其作用是将高压电池包的高压直

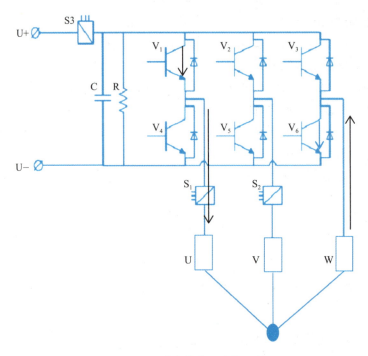

图 4 - 20 逆变电路工作原理图

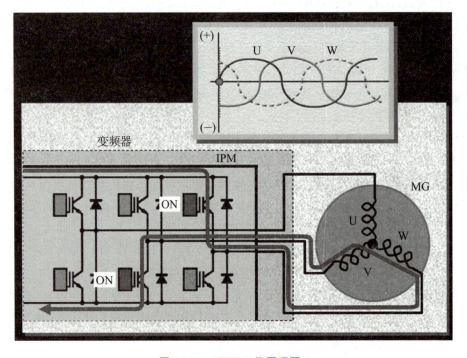

图 4 - 21 IGBT 工作原理图 1

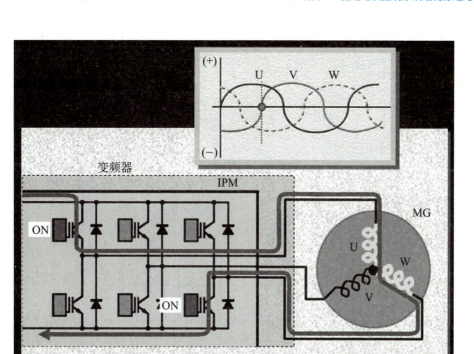

图 4 - 22   IGBT 工作原理图 2

流电转成低压直流电（14V），输出的低电压给整车低压用电设备供电，并且可给低压
蓄电池充电。

电子电工中对 DC/DC 转变一般有两种方法：一是采用功率变化模块进行降压斩波
得到低压直流；二是增加了交流环节，采用 DC/AC/DC 电路，在交流环节中通常采用
变压器实现输入输出间的隔离，因此也称为带隔离的 DC/DC 变换电路。

（1）直流斩波电路。

直流斩波电路的组成如图 4 - 23 所示。图 4 - 23（a）中，VD 为功率开关，在控制
下实现开关功能，一般选用 IGBT 模块；D 为续流二极管，其作用是防止缓冲电感中的
电流突变；斩波电路为抑制输出电压脉动，在基本原理电路中加入滤波电容 C。由图中
可知，当 VD 导通时，输出电压等于输入电压 U_i；当 VD 关闭时，输出电压等于输入 0，
根据开关在一个周期内的通断时间控制占空比，从而控制需要的输出电压。降压斩波后
的波形如图 4 - 23（b）所示，图中的占空比 $D=t_{on}/T$，方波电压的平均值与占空比成
正比。

图 4 - 24 中矩形波为连续输出波形，其平均电压如中间线条所示。改变脉冲宽度即
可改变输出电压：在时间 t_1 前脉冲较宽、间隔窄，平均电压（U_1）较高；在时间 t_1 后脉
冲变窄，平均电压（U_2）降低。固定方波的周期 T 不变，改变占空比调节输出电压就
是 PWM 法，也称为定频调宽法。由于输出电压比输入电压低，故称为降压斩波电路或
Buck 变换电路。

利用功率开关得到的电源实际上是方波脉冲，并不算直流电源，在实际使用中需要

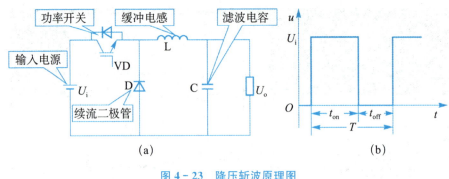

图 4-23　降压斩波原理图

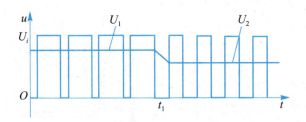

图 4-24　连续输出波形图

加入滤波电容 C。图 4-25（a）是加有 LC 滤波的直流降压斩波电路，L 是滤波电感，C 是滤波电容，D 是续流二极管。电路输出电压 $U_o = D \cdot U_i$，D 是占空比，值为 0～1。图 4-25（b）所示的波形图中，直线表示输入电压 U_i，即电池的直流电压 U_i，曲线表示电阻上的电压 U_o，即输出电压 U_o。

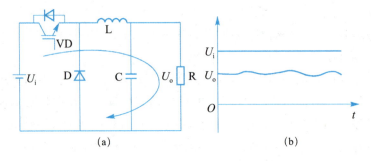

图 4-25　带有 LC 滤波的降压斩波图及输出波形

（2）DC/AC/DC 电路。

控制单元控制开关高频次导通与截止，把高压蓄电池直流电逆变成高压、高频交流电，通过变压器把高压的交流电变成低压的交流电，再通过二极管整流滤波成所需的 14V 直流电。

如图 4-26 所示，电路的左边是一个逆变电路，利用 Q_1、Q_2、Q_3、Q_4 四个功率开关首先将直流电逆变成交流电，经过变压器将高压交流转换成低压交流；电路的右边是一个整流电路，在变压器二次绕组中感应出 14V 交流电，14V 交流电经全波整流器进行整流，再经滤波电路过滤，形成稳定的直流波形对外输出。

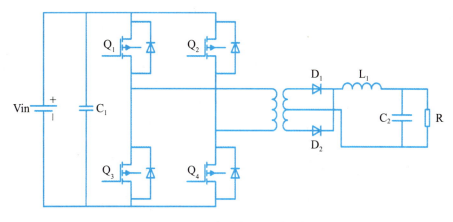

图 4 - 26　隔离型 DC/DC 电路图

5. 制动能量回收

制动能量回收是指在确保整车制动安全、稳定和舒适性下，根据踏板的开度、车辆行驶速度、蓄电池荷电状态和电机工作特性等参数，同时考虑蓄电池存储能量的能力、电机能量回馈功率以及发电效率等诸多限制条件，控制纯电动汽车的机械摩擦制动和电机制动，使制动能量回收。

如图 4 - 27 所示，制动能量回收主要由整车控制器、电机、电机控制器、电池等部件组成。整车控制器通过 CAN 总线给电池管理系统和电机控制系统信号，电池为整个系统提供能量并回收能量，电机控制器控制电机在驱动与发电模式下工作以实现汽车的正常行驶与制动。

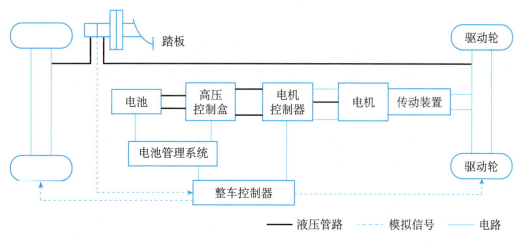

图 4 - 27　制动能量回收原理图

电机处于发电模式下，三相整流回馈电池包充电，如图 4 - 28 所示，电机发出的电也是三相交流电，经过 IGBT 模块整流成直流电。需要注意的是，驱动电机进入发电工作状态，其发电电压必须高于蓄电池电压才能输出电功率，所以需要对制动过程进行有效控制。其控制原理为升压斩波控制方式，如图 4 - 29 所示。

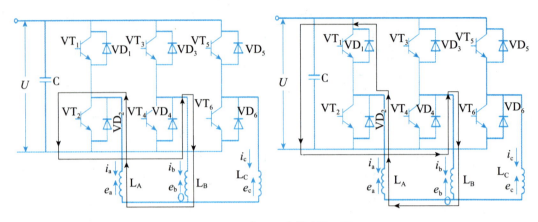

图 4-28　电机制动整流原理图

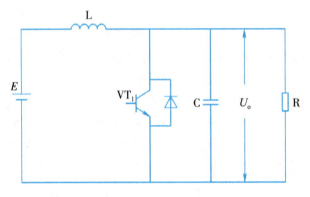

图 4-29　Boost 升压电路图

相关链接

目前大部分新能源汽车都装备的 CRBS（协同再生制动系统）功能，指的是与制动踏板踩踏力度相关联的动能回收力度调节功能，通过 iBooster（一种电子助力制动系统），分配动能回收与机械制动刹车。

前段轻踩的情况下动能回收给车辆减速，提供最大 0.3G 的减速度；当需要更多的制动力时（深踩踏板时），传感器会将驾驶员踩刹车的行程信号传递给 iBooster 的控制单元，控制单元会根据信号计算出 iBooster 输出电机应该输出多少扭矩，这个扭矩会作用在一套齿轮机构上，通过齿轮机构将这个扭矩转化为刹车主缸的刹车力，再由这个刹车力改变刹车液压，最终控制刹车卡钳进行刹车。

任务实施

1. 设备及工具

吉利帝豪 EV450 实训车辆 4 台、驱动电机系统台架 4 套。

2. 分配任务

每 5～8 人为一组，选出 1 名组长、1 名记录员，组长对小组任务进行分工，记录员负责任务进度以及和其他组进行沟通，组员按组长要求完成相关任务。具体任务要求如下：

（1）任务一：维修作业前准备工作。

任务开始前，组长带领各组员对防护装备、绝缘工具、高压指示牌等进行检查，见表 4-7。

表 4-7　安全防护确认表

检查内容	记录检查结果
绝缘手套等工具是否破损、缺失	
绝缘工具是否齐全、完好	
任务现场是否有高压警示标志	
是否需要拆卸维修开关以及维修开关放置位置	

（2）任务二：在吉利帝豪 EV450 整车或台架上找出下图电机控制器所指示接口的位置，并将接口名称填入表 4-8。

表 4-8　EV450 电机控制器接口识别表

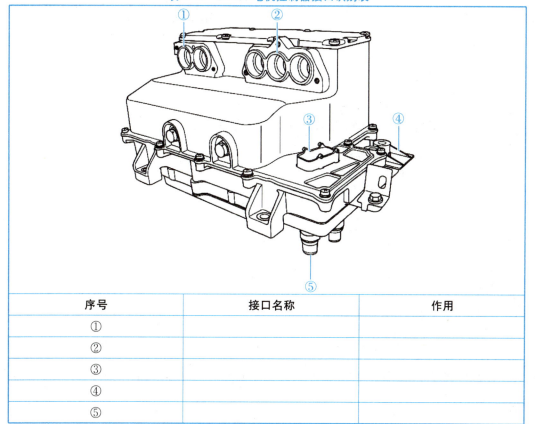

序号	接口名称	作用
①		
②		
③		
④		
⑤		

（3）任务三：按照表 4-9 所示的步骤，排除吉利帝豪 EV450 电机控制器 DC/DC 故障并总结故障诊断与排除思路。

表 4-9　DC/DC 故障诊断与排除流程

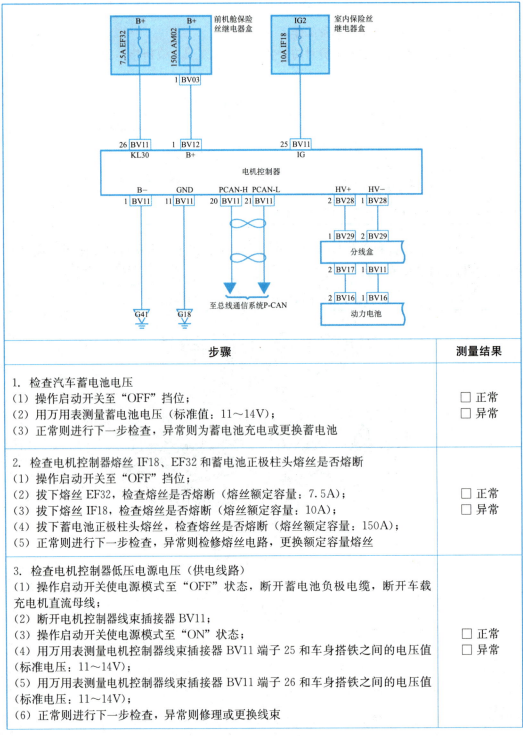

步骤	测量结果
1. 检查汽车蓄电池电压 （1）操作启动开关至"OFF"挡位； （2）用万用表测量蓄电池电压（标准值：11～14V）； （3）正常则进行下一步检查，异常则为蓄电池充电或更换蓄电池	☐ 正常 ☐ 异常
2. 检查电机控制器熔丝 IF18、EF32 和蓄电池正极柱头熔丝是否熔断 （1）操作启动开关至"OFF"挡位； （2）拔下熔丝 EF32，检查熔丝是否熔断（熔丝额定容量：7.5A）； （3）拔下熔丝 IF18，检查熔丝是否熔断（熔丝额定容量：10A）； （4）拔下蓄电池正极柱头熔丝，检查熔丝是否熔断（熔丝额定容量：150A）； （5）正常则进行下一步检查，异常则检修熔丝电路，更换额定容量熔丝	☐ 正常 ☐ 异常
3. 检查电机控制器低压电源电压（供电线路） （1）操作启动开关使电源模式至"OFF"状态，断开蓄电池负极电缆，断开车载充电机直流母线； （2）断开电机控制器线束插接器 BV11； （3）操作启动开关使电源模式至"ON"状态； （4）用万用表测量电机控制器线束插接器 BV11 端子 25 和车身搭铁之间的电压值（标准电压：11～14V）； （5）用万用表测量电机控制器线束插接器 BV11 端子 26 和车身搭铁之间的电压值（标准电压：11～14V）； （6）正常则进行下一步检查，异常则修理或更换线束	☐ 正常 ☐ 异常

续表

步骤	测量结果
4. 检查电机控制器搭铁 (1) 操作启动开关使电源模式至"OFF"状态,断开蓄电池负极电缆,断开车载充电机直流母线; (2) 断开电机控制器线束插接器 BV11; (3) 用万用表测量电机控制器线束插接器 BV34 端子 1、端子 11 和车身搭铁之间的电阻(标准电阻:小于 1Ω); (4) 正常则进行下一步检查,异常则检修搭铁线路或更换线束	□ 正常 □ 异常
5. 检查分线盒线束 (1) 操作启动开关使电源模式至"OFF"状态,断开蓄电池负极电缆; (2) 断开驱动电机线束插接器 BV28; (3) 断开直流母线线束插接器 BV29(分线盒侧); (4) 用万用表测量电机控制器高压线束插接器 BV28 端子 1 和直流母线线束插接器 BV29 端子 1 之间的电阻(标准电阻:小于 1Ω); (5) 用万用表测量电机控制器高压线束插接器 BV28 端子 2 和直流母线线束插接器 BV29 端子 2 之间的电阻(标准电阻:小于 1Ω); (6) 正常则进行下一步检查,异常则更换分线盒总成	□ 正常 □ 异常
6. 检查、检测 DC/DC 转换器与蓄电池之间的电路 (1) 操作启动开关使电源模式至"OFF"状态,断开蓄电池负极电缆,断开车载充电机直流母线; (2) 断开驱动电机线束插接器 BV12; (3) 断开蓄电池正极线束; (4) 用万用表测量电机控制器线束插接器 BV12 端子 1 和蓄电池正极电缆之间的电阻(标准电阻:小于 1Ω); (5) 正常则进行下一步检查,异常则更换或修理线束	□ 正常 □ 异常
7. 更换电机控制器 (1) 操作启动开关至"OFF"挡位,断开蓄电池负极电缆,断开车载充电机直流母线; (2) 断开蓄电池负极线束; (3) 更换电机控制器; (4) 确认故障是否排除(DC/DC 功能是否正常)	□ 正常 □ 异常

3. 注意事项

(1) 成员准备器材、测量端子、测量线束时,请注意不要拥挤,以免发生磕碰意外。

(2) 任务结束后,需要将车辆及相应工位进行 6S 管理。

4. 任务工单

具体任务工单见表 4-10。

表 4－10　任务工单

任务名称					
姓名		班级		学号	
任务地点		任务时间		日期	
设备及工具					
工作计划			任务结果		
任务一					
任务二					
任务三					
根据任务结果写出整改建议或学习计划					

学习测试

一、填空题

1. IGBT 全称为＿＿＿＿＿＿＿＿。

2. DC/DC 转换器是动力蓄电池组＿＿＿＿＿＿与＿＿＿＿＿＿相互转换的位置，负责将动力蓄电池的高压电转换成低压电。

3. 逆变器的主要功能是把＿＿＿＿＿转换成＿＿＿＿＿。

二、判断题

1. IGBT 的开通和关断受栅极电流影响。（　　）

2. DC/DC 模块的主要作用是给全车低压用电设备供电。（　　）

3. 逆变器的主要功能是把交流电转换成直流电。（　　）

三、选择题

1. IGBT 集合了哪类晶体管的优点？（　　　）

    A. 二极管和三极管　　　　　　　　B. 二极管和 MOS 管

    C. 三极管和 MOS 管　　　　　　　　D. 两个三极管

2. 逆变器中使用了哪种元器件作为功率开关？（　　　）

    A. 二极管　　　　B. 三极管　　　　C. MOS 管　　　　D. IGBT

3. 下列选项中，不属于国产新能源汽车品牌的是（　　　）。

    A. 蔚来　　　　　B. 小鹏　　　　　C. 比亚迪　　　　D. 特斯拉

任务 3　　电机控制系统检测与故障诊断

 知识储备

| 驱动电机旋变 | 吉利 EV450 典型电机 | 车载充电机回路 |
| 故障诊断与排除 | 与控制器故障诊断 | 故障诊断 |

电机控制系统检测与故障诊断是本任务学习的重要技能点。通过本任务的学习，读者能加深对驱动电机及控制技术的理解，提高解决驱动电机部分故障的能力。

一、电机驱动系统数据流读取与分析

在对新能源汽车的电机驱动系统进行维护、故障诊断与排除的过程中，经常需要使用解码仪读取相关数据流、读取故障代码，并利用解码仪标准诊断软件对汽车进行测试等操作。

1. 数据流读取

汽车各个控制单元（ECU）、传感器、执行器之间的通信数据通过网关诊断接口，用专用的解码仪可以即时读取这些数据形成的数据流。ECU 中存储的数据流真实地反映了各传感器和执行器的工作电压和状态，为汽车故障诊断提供依据。汽车数据流可作为汽车 ECU 的输入输出数据，使维修人员随时可以了解汽车的工作状况，及时诊断汽车的故障，也可以通过解码仪设定汽车的运行数据，如实时地控制车窗玻璃的升降等功能。

解码仪分为两种：专用解码仪和通用解码仪。

专用解码仪是各个汽车主机厂适用于自己品牌的专业测试仪，该类解码仪功能齐全，除读取数据流之外，还具有参数标定、修改、在线诊断等功能。专用解码仪在使用过程中需要登录专用账号，诊断过程会与主机厂进行通信，专用性强，一般只适用于本品牌车型，如大众 ODIS504、比亚迪 VDS2000 等。

通用诊断仪一般支持 OBD-Ⅱ 的诊断功能，支持读取动态数据流、读取故障码、清除故障码、关闭故障指示灯、读取就绪状态、查询冻结帧数据、读取车辆信息、控制车载系统或部件以及监测特定监测系统车载等，适用的车型较多。常见的通用诊断仪的主要品牌有元征（Launch）、道通（Autel）、博世（BOSCH）、实耐宝（Redbox）等。

📝 1+X考证技能点

温馨提示：中车行 2-1 模块"新能源汽车动力驱动电机电池技术"中包含驱动电机模块，在该模块中需要利用解码仪通过 OBD 诊断接口读取新能源汽车电机驱动控制系统相关数据流并做好记录。

2. 故障码信息分析

当车辆出现故障时，相关故障信息会传输到 OBD 诊断接口，维修人员通过解码仪可以快速找出故障原因和故障位置。

汽车的故障码一般分为真实码、历史码和偶发码。真实码说明汽车存在真实故障，需要进行故障诊断与排除；历史码是历史遗留而未消除的故障码，用解码仪即可清除；偶发码是由于汽车的偶发故障产生的，一般情况下无须修理即可自动清除。

故障码一般包含 5 个字符，首字母后面带数字，首字母代表汽车不同系统的故障，数字代表诊断程序的特定子系统。吉利帝豪 EV450 故障码首字母的含义见表 4-11。

表 4-11 吉利帝豪 EV450 故障码首字母的含义

字母	含义	字母	含义
P	动力系统 DTC	B	车身 DTC
C	底盘 DTC	U	通信网络 DTC

不同故障码对应的故障类型及含义不同，在实际使用中维修人员需要查找维修手册确定故障码信息。吉利帝豪 EV450 部分故障码定义见表 4-12，全部详细的故障码请参阅维修手册。

表 4-12 吉利帝豪 EV450 部分故障码定义

序号	故障码	故障描述
1	P1C0300	Drive 模式下 DFW 时钟检测
2	P060600	CPLD 时钟检测

续表

序号	故障码	故障描述
3	P06B013	IGBT 驱动芯片电源故障
4	P1C0619	IGBT 上桥臂短路故障
5	P0C0100	硬件过流故障
6	P1C0819	IGBT 下桥臂短路故障
7	P0C7900	母线电压硬件过电压
8	P141100	Inverter 采集的高压与 BMS 采集的高压校验错误
9	P1C1500	Inverter 内部 5V 过电压
10	P0A1B47	看门狗故障
11	P0C5300	正/余弦输入信号消波故障
12	P0BE800	U 相电流过大故障
13	P0A2B00	定子温度过温故障
14	P056300	蓄电池过电压故障
15	P111300	DC/DC 未知故障
16	P0BFD00	三相电流之和不合理故障
17	U110000	CAN 帧超时故障

3. 故障诊断检测流程

　　常见故障诊断的流程如图 4-30 所示。第一步，维修人员接待车辆，并与车主沟通车辆问题；第二步，维修人员根据车主反映的问题在车上复现相关故障，测试故障是否为偶发故障；第三步，维修人员根据故障现象，分析故障原理，运用相关工具进行故障诊断与检测；第四步，维修人员找到故障原因，排除故障，复盘故障分析过程并做好相关记录。

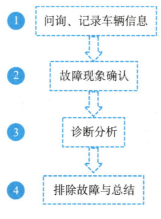

1　问询、记录车辆信息

2　故障现象确认

3　诊断分析

4　排除故障与总结

图 4-30　故障诊断流程图

二、电机驱动系统典型故障诊断与排除

电机驱动系统常见典型故障有低压供电回路故障、高压供电回路故障、电机控制器通信故障、电机旋变控制故障等。本部分以常见低压供电回路、高压供电回路故障为例讲解故障诊断与排除。

1. 电机控制器低压供电回路故障诊断与排除

以吉利帝豪 EV450 电机控制器低压供电回路为例进行介绍，其故障诊断与排除过程如下。

（1）故障现象确认。

将诊断仪的 OBD 诊断接口与汽车进行连接，打开汽车电源开关至"ON"挡，打开解码仪进行故障码的读取，解码仪读取出 3 个故障码：①P056300，蓄电池电压过电压故障；②P056200，蓄电池电压欠电压故障；③P113600，低压端输出与蓄电池连接断开故障。

根据故障码，查找维修手册以及相关电路图、线束插接器等，如图 4 - 31 所示。

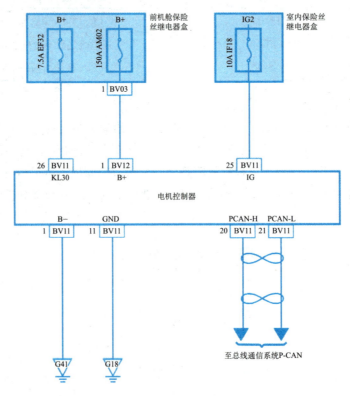

图 4 - 31　EV450 电机控制器电路简图

根据电路图分析故障原因：①保险丝熔断；②电机控制器相关电路故障；③电机控制器损坏。

（2）故障诊断。

步骤 1：检查汽车蓄电池电压。

1）操作启动开关至"OFF"挡；

2）用万用表测量蓄电池电压（标准值：11～14V）；

3）正常则进行下一步检查，异常则为蓄电池充电或更换蓄电池。

步骤 2：检查电机控制器保险丝 EF18、EF32 和蓄电池正极柱头保险丝是否熔断。

1）操作启动开关至"OFF"挡；

2）拔下熔丝 EF32，检查熔丝是否熔断（熔丝额定容量：7.5A）；

3）拔下熔丝 IF18，检查熔丝是否熔断（熔丝额定容量：10A）；

4）拔下蓄电池正极柱头熔丝，检查熔丝是否熔断（熔丝额定容量：150A）；

5）正常则进行下一步检查，异常则检修熔丝电路，更换额定容量熔丝。

步骤 3：检查电机控制器供电电压。

1）操作启动开关使电源模式至"OFF"状态，断开蓄电池负极电缆，断开车载充电机直流母线；

2）断开电机控制器线束插接器 BV11；

3）操作启动开关使电源模式至"ON"状态；

4）用万用表测量电机控制器线束插接器 BV11 端子 25 和车身搭铁之间的电压值（标准电压：11～14V）。

5）用万用表测量电机控制器线束插接器 BV11 端子 26 和车身搭铁之间的电压值（标准电压：11～14V）。

6）正常则进行下一步检查，异常则修理或更换线束。

步骤 4：检查电机控制器搭铁电阻。

1）操作启动开关使电源模式至"OFF"状态，断开蓄电池负极电缆，断开车载充电机直流母线；

2）断开电机控制器线束插接器 BV11；

3）用万用表测量电机控制器线束插接器 BV34 端子 1、端子 11 和车身搭铁之间的电阻（标准电阻：小于 1Ω）；

4）正常则进行下一步检查，异常则检修搭铁线路或更换线束。

步骤 5：检查电机控制器 DC 输出端子与蓄电池之间的电路。

1）操作启动开关使电源模式至"OFF"状态，断开蓄电池负极电缆，断开车载充电机直流母线；

2）断开驱动电机线束插接器 BV12；

3）断开蓄电池正极线束；

4）用万用表测量电机控制器线束插接器 BV12 端子 1 和蓄电池正极电缆之间的电阻（标准电阻：小于 1Ω）；

5）正常则进行下一步检查，异常则更换或修理线束。

步骤 6：更换电机控制器。

1）操作启动开关至"OFF"挡，断开蓄电池负极电缆，断开车载充电机直流母线；

2）断开蓄电池负极线束；

3）更换电机控制器；

4）测试确认是否将故障已排除。

经过上述步骤，故障排除，维修结束。

✐ 1+X 考证技能点

温馨提示：中车行 2-1 模块"新能源汽车动力驱动电机电池技术"中包含驱动电机模块，在该模块中同学们需要利用万用表、钳形电流表、绝缘电阻仪等工具对电机驱动系统旋转变压器、三相绕组绝缘电阻、温度传感器进行测量并判断数值是否正常。

2. 电机控制器高压供电回路故障诊断与排除

以吉利帝豪 EV450 电机控制器高压供电回路为例进行介绍，其故障诊断与排除过程如下。

（1）故障现象确认。

将诊断仪的 OBD 口与汽车进行连接，打开汽车电源开关至"ON"挡，打开解码仪进行故障码的读取，解码仪读取出的故障码为：P114D00 高压端过电压故障。分析故障原因为电机控制器损坏。

（2）故障诊断。

步骤 1：解码仪读取数据流。

解码仪读取电池管理系统上报的动力电池母线电压与电机控制器读的母线电压，将两者进行对比，若两者差距大则更换电机控制器。

步骤 2：拆卸电机控制器。

1）打开前机舱盖，断开蓄电池负极电缆，断开车载充电机直流母线；

2）拆卸电机控制器上盖，依次拆卸盖上的 8 个螺栓，取下电机控制器上盖，如图 4-32 所示；

3）拆卸电机控制器三相线束，取下图 4-33 中三相线束①位置对应的 3 个固定螺栓，取下三相线束连接器②位置对应的 3 个固定螺栓，脱开三相线束；

4）拆卸电机控制器高压线束连接器，取下图 4-33 中③位置对应的 2 个固定螺栓，取下高压线束连接器④位置对应的 2 个固定螺栓，脱开高压线束；

5）拆卸电机控制器搭铁防尘帽，如图 4-34 所示；

6）断开电机控制器线束插头，如图 4-35 所示；

7）拆卸电机控制器 2 根搭铁线束固定螺母，脱开搭铁线束，如图 4-35 所示；

8）脱开电机控制器进水口与出水管，这里注意脱开水管前在汽车底部放置接水容器，及时接住防冻液，以防污染地面，如图 4 – 36 所示；

9）拆卸电机控制器 4 个固定螺栓，取下电机控制器总成，如图 4 – 37 所示。

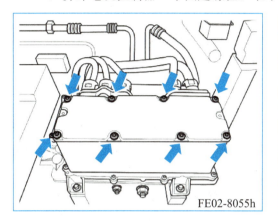

图 4 – 32　拆卸电机控制器上盖

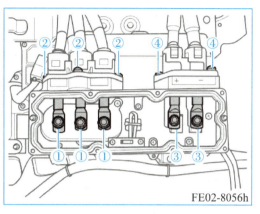

图 4 – 33　拆卸电机控制器连接线束

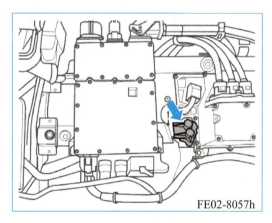

图 4 – 34　拆卸电机控制器搭铁防尘帽

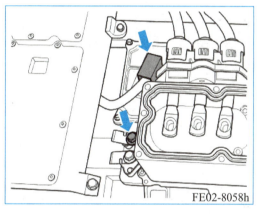

图 4 – 35　断开电机控制器线束插头

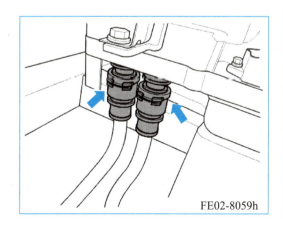

图 4 – 36　脱开电机控制器进、出水管

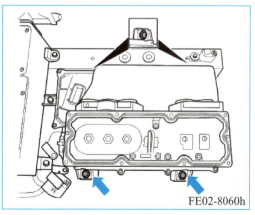

图 4 – 37　取下电机控制器总成

步骤3：安装电机控制器总成。

1）安装电机控制器的进水管、出水管；

2）紧固电机控制器底座的4个固定螺栓，拧紧力矩为23N·m；

3）连接电机控制器线束插头，连接两根搭铁线，紧固螺母，盖上防尘盖，拧紧力矩为23N·m；

4）连接三相线束，预紧电机三相线束插接器3个固定螺栓①，紧固电机三相线束插接器端子3个固定螺栓②，拧紧力矩为7N·m，紧固电机三相线束插接器端子3个固定螺栓①，拧紧力矩为23N·m，如图4-38所示；

5）连接线束，预紧分线盒电机控制器高压线线束插接器（电机控制器侧）2个固定螺栓③，紧固分线盒电机控制器高压线端子（电机控制器侧）2个固定螺栓④（拧紧力矩为7N·m），紧固分线盒电机控制器高压线线束插接器（电机控制器侧）2个固定螺栓③（拧紧力矩为23N·m），如图4-38所示；

6）安装电机控制器上盖，紧固电机控制器上盖的8个螺栓（拧紧力矩为8N·m），注意电机控制器上盖拧紧时采取对角拧紧方法；

7）连接直流母线，连接蓄电池负极线缆；

8）加注冷却液，加入吉利指定型号的冷却液，持续加至膨胀水箱内冷却液达到80%左右。

步骤4：确认故障排除。

将开关置于"ON"挡，确认故障是否排除。

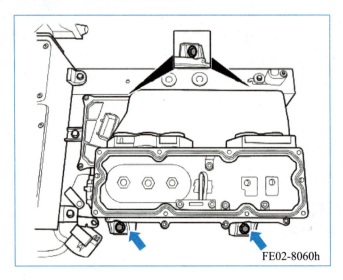

图4-38　安装电机控制器总成

素养园地

党的二十大报告强调："建设现代化产业体系。坚持把发展经济的着力点放在实体经济上，推进新型工业化，加快建设制造强国、质量强国、航天强国、交通强国、网络强国、数字中国。"我国新能源汽车产业成绩举世瞩目，这些成绩离不开党和国家的英明决策和战略部署。

任务实施

1. 设备及工具

吉利帝豪 EV450 实训车辆 4 台，驱动电机系统台架 4 套。

2. 分配任务

每 5~8 人为一组，选出 1 名组长、1 名记录员，组长对小组任务进行分工，记录员负责任务进度以及和其他组进行沟通，组员按组长要求完成相关任务。具体任务要求如下：

（1）任务一：维修作业前准备工作。

任务开始前，组长带领各组员对防护装备、绝缘工具、高压指示牌等进行检查，见表 4-13。

表 4-13　安全防护确认表

检查内容	记录检查结果
绝缘手套等工具是否破损、缺失	
绝缘工具是否齐全、完好	
任务现场是否有高压警示标志	
是否需要拆卸维修开关以及维修开关放置位置	

（2）任务二：按照下面步骤在吉利帝豪 EV450 整车或台架上检测电机旋转变压器故障，见表 4-14。

表 4-14　电机旋转变压器故障诊断与排除表

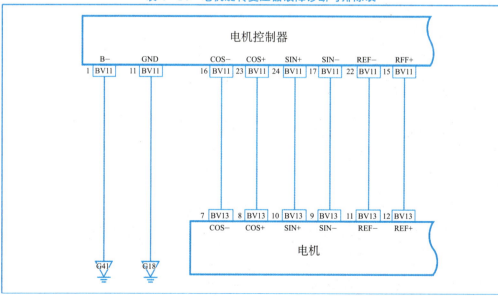

续表

步骤	测量结果
1. 检查旋转变压器的正弦、余弦、励磁电阻 1）操作启动开关至"OFF"挡，断开蓄电池负极电缆，断开车载充电机直流母线； 2）驱动电机旋转变压器的正弦、余弦、励磁电阻正常值为：余弦（14.5±1.5）Ω，正弦（13.5±1.5）Ω，励磁（9.5±1.5）Ω； 3）正常则进行下一步检查，异常则检修熔丝电路，更换额定容量熔丝	□ 正常 □ 异常
2. 检查驱动电机旋转变压器信号屏蔽电路 1）操作启动开关使电源模式至"OFF"状态，断开蓄电池负极电缆，断开车载充电机直流母线，断开电机控制器线束插接器BV11； 2）操作启动开关使电源模式至"ON"状态； 3）用万用表测量电机控制器线束插接器BV11的1号、11号端子与车身搭铁之间的电阻（标准电阻：小于1Ω）； 4）正常则进行下一步检查，异常则修理或更换线束	□ 正常 □ 异常

3. 检查电机控制器余弦信号电路
1）操作启动开关使电源模式至"OFF"状态，断开蓄电池负极电缆，断开车载充电机直流母线，断开电机控制器线束插接器BV11；
2）断开电机控制器线束插接器BV13；
3）操作启动开关使电源模式至"ON"状态；
4）用万用表按照下表进行测量：

测量位置A	测量位置A	测量标准值
BV13-7	BV11-16	标准电阻：小于1Ω
BV13-8	BV11-23	
BV13-7	BV13-8	标准电阻：不小于10kΩ
BV13-7	车身搭铁	
BV13-8	车身搭铁	
BV13-7	车身搭铁	标准电压：0V
BV13-8	车身搭铁	

测量结果：□ 正常　□ 异常

5）正常则进行下一步检查，异常则修理或更换线束

4. 检查电机控制器正弦信号电路
1）操作启动开关使电源模式至"OFF"状态，断开蓄电池负极电缆，断开车载充电机直流母线，断开电机控制器线束插接器BV11；
2）断开电机控制器线束插接器BV13；
3）操作启动开关使电源模式至"ON"状态；
4）用万用表按照下表进行测量：

测量位置A	测量位置A	测量标准值
BV13-9	BV11-17	标准电阻：小于1Ω
BV13-10	BV11-24	
BV13-9	BV13-10	标准电阻：不小于10kΩ
BV13-9	车身搭铁	
BV13-10	车身搭铁	
BV13-9	车身搭铁	标准电压：0V
BV13-10	车身搭铁	

测量结果：□ 正常　□ 异常

5）正常则进行下一步检查，异常则检修搭铁线路或更换线束

续表

步骤	测量结果
5. 检查电机控制器励磁信号电路 1）操作启动开关使电源模式至"OFF"状态，断开蓄电池负极电缆，断开车载充电机直流母线，断开电机控制器线束插接器 BV11； 2）断开电机控制器线束插接器 BV13； 3）操作启动开关使电源模式至"ON"状态； 4）用万用表按照下表进行测量：	□ 正常 □ 异常
5）正常则进行下一步检查，异常则更换分线盒总成	
6. 更换电机控制器 1）操作启动开关至"OFF"挡，断开蓄电池负极电缆，断开车载充电机直流母线； 2）断开蓄电池负极线束； 3）更换电机控制器； 4）测试确认是否将故障已排除	□ 正常 □ 异常

测量位置 A	测量位置 A	测量标准值
BV13-11	BV11-22	标准电阻： 小于 1Ω
BV13-12	BV11-15	
BV13-11	BV13-12	标准电阻： 不小于 10kΩ
BV13-11	车身搭铁	
BV13-12	车身搭铁	
BV13-11	车身搭铁	标准电压： 0V
BV13-12	车身搭铁	

（3）任务三：按照下面步骤在吉利帝豪 EV450 整车或台架上检测电机控制器通信故障，见表 4-15。

表 4-15　电机控制器通信故障诊断与排除流程表

续表

步骤	测量结果
1. 使用解码仪读取故障码 1）操作启动开关使电源模式至"ON"状态； 2）连接故障诊断仪，读取系统故障码； 3）无故障码则进行下一步检查，有故障码则优先排除其他故障码指示故障	□ 正常 □ 异常
2. 检查电机控制器供电线路 1）操作启动开关使电源模式至"OFF"状态，断开蓄电池负极电缆，断开车载充电机直流母线，断开电机控制器线束插接器 BV11； 2）操作启动开关使电源模式至"ON"状态； 3）用万用表测量电机控制器线束插接器 BV11 端子 25 和车身搭铁之间的电压值（标准电压：11～14V）； 4）用万用表测量电机控制器线束插接器 BV11 端子 26 和车身搭铁之间的电压值（标准电压：11～14V）； 5）正常则进行下一步检查，异常则修理或更换线束	□ 正常 □ 异常
3. 检查电机控制器搭铁线路 1）操作启动开关使电源模式至"OFF"状态，断开蓄电池负极电缆，断开车载充电机直流母线； 2）断开电机控制器线束插接器 BV11； 3）用万用表测量电机控制器线束插接器 BV11 端子 1、11 和车身搭铁之间的电阻（标准电阻：小于 1Ω）； 4）正常则进行下一步检查，异常则修理或更换线束	□ 正常 □ 异常
4. 检查电机控制器通信功能 1）操作启动开关使电源模式至"OFF"状态，断开蓄电池负极电缆，断开车载充电机直流母线，断开电机控制器线束插接器 BV11； 2）用万用表测量电机控制器线束插接器 BV11 端子 21 和诊断接口 IP19 端子 14 之间的电阻（电阻标准值：小于 1Ω）； 3）用万用表测量电机控制器线束插接器 BV11 端子 20 和诊断接口 IP19 端子 6 之间的电阻（电阻标准值：小于 1Ω）； 4）正常则进行下一步检查，异常则检修搭铁线路或更换线束	□ 正常 □ 异常
5. 检查 P-CAN 网络完整性 1）操作启动开关使电源模式至"OFF"状态，断开蓄电池负极电缆，断开车载充电机直流母线； 2）用万用表测量诊断接口 IP19 端子 6 和端子 14 之间的电阻值（标准电阻：55～67.5Ω）； 3）正常则进行下一步检查，异常则优先排除 P-CAN 网络不完整故障	□ 正常 □ 异常
6. 更换电机控制器 1）操作启动开关至"OFF"挡，断开蓄电池负极电缆，断开车载充电机直流母线； 2）断开蓄电池负极线束； 3）更换电机控制器； 4）测试确认是否将故障已排除	□ 正常 □ 异常

3. 注意事项

（1）成员准备器材、测量端子、测量线束时，请注意不要拥挤，以免发生磕碰意外。

（2）任务结束后，需要将车辆及相应工位进行 6S 管理。

4. 任务工单

具体任务工单见表 4-16。

表 4-16 任务工单

任务名称					
姓名		班级		学号	
任务地点		任务时间		日期	
设备及工具					
	工作计划			任务结果	
任务一					
任务二					
任务三					
根据任务结果写出整改建议或学习计划					

🚙 学习测试

一、填空题

1. 新能源汽车动力控制系统的三大核心部件是指_____、_____、_____。

2. 吉利帝豪 EV450 故障码首字母 P 代表的含义是_____。

3. 驾驶员踩下加速踏板主要反映两方面意图：一是_____，二是_____。

二、判断题

1. 驱动电机上检测绕组温度的传感器是旋转变压器。（　　　）

2. 电机控制器与其他模块通过 LIN 线通信。（　　　）

3. 电机旋转变压器的本质是变压器。（　　　）

三、选择题

1. 下列选项中，不属于旋转变压器模块的是（　　　）。

　　A. 正弦绕组　　　　B. 余弦绕组　　　　C. 励磁绕组　　　　D. 高压绕组

2. 下列不属于解码仪的作用的是（　　　）。

　　A. 读取故障码　　　　　　　　　B. 读取相关数据流

　　C. 测试相关功能　　　　　　　　D. 修改控制策略

3. 吉利帝豪 EV450 首字母 E 的含义是（　　　）。

　　A. 动力　　　　　B. 底盘　　　　　C. 车身　　　　　D. 发动机

项目小结

　　本项目主要对驱动电机控制系统原理认知、电机控制器结构认知、电机控制系统检测与故障诊断三个任务进行了学习。驱动电机控制系统原理认知中主要学习了新能源汽车驱动电机控制系统的基本组成、基本功能以及常见的控制系统工作模式。电机控制器结构认知中主要学习了电机控制器中的基本零部件、常用功率变换电路原理。电机控制系统检测与故障诊断中主要学习了电机控制系统故障诊断的诊断流程，并且以低压回路故障和高压回路故障为例进行了介绍。

　　通过本项目的学习，学生可以较全面地掌握驱动电机控制系统的组成、工作原理及故障诊断与排除。通过项目实施，学生可以更好地理解驱动电机控制系统检测与故障诊断，培养分析问题及解决问题的能力。

项目 5　驱动电机冷却系统原理与检测

 项目导读

　　驱动电机冷却系统是新能源汽车驱动电机系统的辅助部件，但是它起到了重要的作用。当车辆启动运行时，驾驶员踩下加速踏板，驱动电机加速运转，实现加速超车，同时，驱动电机系统会产生大量热量，长时间处于高温状态下的驱动电机会使车辆性能下降。驱动电机冷却系统的存在可以解决驱动电机热量过剩和集中的问题。

　　那么驱动电机冷却系统是如何给驱动电机降温的呢？冷却系统由哪几部分组成？它的工作原理是什么？在新能源汽车上如何检修驱动电机冷却系统？通过本项目的学习，相信读者可以找到答案。

 学习目标

❷ 知识目标

1. 掌握驱动电机冷却系统的作用及类型。
2. 掌握驱动电机冷却系统的组成结构及工作原理。
3. 了解驱动电机冷却系统的控制原理。
4. 掌握解码仪读取驱动电机冷却系统数据流及故障码。
5. 能够对吉利帝豪 EV450 控制器冷却系统进行故障诊断与排除。

❷ 技能目标

1. 能够按照规范正确操作检测工具。
2. 能够正确查阅维修手册以及分析冷却系统电路原理。
3. 能够分析判断冷却系统故障点并排除故障。

❷ 素养目标

1. 培养良好的职业素养。
2. 培养认真、严谨的工作态度。
3. 培养团队协作能力、自主学习能力。

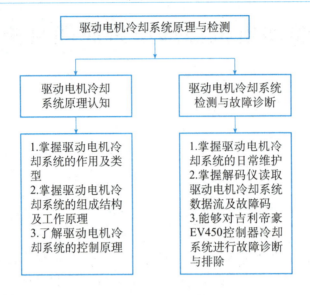

学习导图

任务 1 驱动电机冷却系统原理认知

知识储备

　　驱动电机系统是指驱动电机、驱动控制器及它们工作必需的辅助装置（如冷却系统）的组合。驱动电机是将电能转换成机械能而为车辆行驶提供驱动力的电气装置。驱动控制器是控制动力电源与驱动电机之间能量传输的装置，由控制信号接口电路、驱动电机控制电路和驱动电路组成。驱动电机作为新能源汽车动力的输出装置，在能量转化过程中会释放热量，因此，驱动电机冷却系统作为驱动系统中必要

知识微课堂

驱动电机冷却系统的组成及工作原理

的辅助装置，能够降低驱动电机以及动力蓄电池组释放的热能，提高新能源汽车的安全性。

一、驱动电机冷却系统的作用及类型

1. 驱动电机冷却系统的作用

　　新能源汽车驱动电机需要高转速、高效率、高功率密度、高可靠性、低噪声、低振动、低成本的性能。新能源汽车在驱动与回收能量的工作过程中，其电机定子铁心、定子绕组在运动过程中都会产生损耗，这些损耗以热量的形式向外发散，需要有效的冷却介质及冷却方式来带走热量，保证电机在一个稳定的冷热循环平衡的通风系统中安全、

可靠地运行。驱动电机冷却系统设计的好坏将直接影响电机的安全运行和使用寿命。

电机的功率极限往往受电机的温度升高影响，永磁电机的性能随着温度的升高而降低。提高电机散热能力能立竿见影地提高功率密度，且随着新能源汽车的不断发展，电机的功率密度和高转矩密度不断提高，因此冷却效率越高越好。

电机的高速化使高速旋转的转子表面产生很大的气体摩擦损耗，进一步恶化转子的运行环境，加之转子处在一个狭小的空间内，散热途径和散热方式极其有限，导致转子散热难度加大。如何提升转子的散热效率是驱动电机冷却系统需要不断探究的技术。

2. 驱动电机冷却系统的类型

驱动电机冷却系统主要分为自然散热、风冷散热和液冷散热三类。

（1）自然散热。

自然散热是依靠电机自身部件进行热传递，通过与环境的温度差，热量从封闭的金属机壳表面传递到周围介质，为了增加散热效率，机壳表面会增加冷却筋设计，以增加散热面积。

自然散热的方式使驱动电机系统的结构变得非常简单，不需要辅助设备就能实现冷却功能，但是自然散热方式冷却效率低，适用于转速低、负载小、电机发热量较小的小型电机。

（2）风冷散热。

风冷散热是通过空气流过发热部件表面带走表面热量的一种散热方式。电机通过自带的同轴风扇形成内风路循环或外风路循环，产生特定的散热风道，通过风扇产生足够的风量，带走电机内部产生的热量。风冷散热的介质是电机周围的空气，利用环境温差，将冷空气送入电机内部，热空气向周围排除。

风冷散热的效果较好，通过循环空气的方式进行散热，无多余的介质，避免电机的腐蚀及磨损，有利于提高电机的使用寿命，结构相对来说简单，成本较低。风冷散热受一定的环境影响，如在高温、粉尘、污垢等恶劣的环境下，风冷散热效率将大大下降，因此，风冷散热适用于清洁、无污染、无高温环境下的电机。

（3）液冷散热。

液冷散热是将冷却液通过设计的管道流过电机发热部件，吸收热量后流到外部散热器，外部散热器通过风冷的方式让液体降温，再将降温后的液体送回到电机发热部件进行热量吸收。通过这种循环流动的液体，电机产生的热量不断被带走，以达到冷却效果。

液冷散热的效率较高，液冷散热相较于其他两种散热方式来说结构复杂，需要有较好的设计，冷却系统需要有良好的密封性，如果发生冷却液渗漏的情况，会造成电机绝缘损坏，严重时可能会烧毁电机。液冷散热对冷却液的导电率、硬度、pH 值等也要有一定的要求。液冷散热在一些高温、高湿、粉尘、污垢等恶劣的环境下也能有较好的冷却效果，因此新能源汽车电机驱动系统中多采用液冷方式进行散热。

二、驱动电机冷却系统的组成结构及工作原理

1. 驱动电机冷却系统的组成结构

不同的电机及控制器的冷却系统可以有不同的选择，具体采用什么类型的冷却系统应根据实际车辆来选择。一些车辆安装空间自由度较大，通风情况良好，使用环境温度低，在对驱动电机性能要求不严苛的情况下，可以选择结构简单的风冷系统。一些车辆为节省车辆空间，减少驱动电机体积，对电机性能要求高，可采用液冷方式。

以吉利帝豪 EV450 为例，该车型的冷却系统主要由膨胀水箱、冷却液、散热器、电动水泵、散热器风扇、冷却液温度传感器、水管及冷却水套等组成。

（1）膨胀水箱。

膨胀水箱总成是一个透明塑料罐，类似于前风窗玻璃清洗剂罐，吉利帝豪 EV450 膨胀水箱如图 5-1 所示。膨胀水箱总成通过水管与散热器连接。随着冷却液的温度逐渐升高并膨胀，部分冷却液因膨胀而从车载充电机中流入膨胀水箱总成。散热器和液道中滞留的空气也被排入膨胀水箱总成。车辆停止后，冷却液自动冷却并收缩，先前排出的冷却液则被吸回散热器，从而使散热器中的冷却液一直保持在合适的液面，并提高冷却效率。当冷却系统处于冷态时，冷却液面应保持在膨胀水箱总成上的 L（最低）和 F（最高）标记之间。

图 5-1　膨胀水箱

（2）冷却液。

封闭式强制循环冷却系统由于冷却效果好，冷却均匀，因此已被大多数汽车采用。水最先被用来作为这种冷却系统的冷却介质，通过系统的强制循环，水能将高温零件的热量带走并散发掉。水作为冷却介质存在一定的问题：首先冰点高，冬季在 0℃ 以下易结冰，冻裂散热器和零件缸体，可能产生化学腐蚀和电化腐蚀，损坏冷却系统；其次，天然水中含有钙和镁等金属盐类物质，受热后易生成水垢，附着在水套和散热器的内壁上，堵塞通道，使电机过热。目前汽车使用冷却液作为冷却介质，冷却液与水相比具有许多显著的优点，冷却液能起到冷却、保护电机的作用，更适合于现代汽车电机冷却的需要。一种优质的冷却液，冬天可以防冻，夏天可以防沸，常年使用，可以起防腐和防水垢作用，它既是

冷却介质又是一种很好的保护剂，因此，在汽车电机中应大力提倡使用冷却液。

冷却液由水、防冻剂、添加剂三部分组成，按防冻剂成分不同可分为酒精型、甘油型、乙二醇型等类型。酒精型冷却液是用乙醇（俗称酒精）作防冻剂，价格便宜，流动性好，配制工艺简单，但沸点较低、易蒸发损失、冰点易升高、易燃等，现已逐渐被淘汰；甘油型冷却液沸点高、挥发性小、不易着火、无毒、腐蚀性小，但降低冰点效果不佳、成本高、价格昂贵，用户难以接受，只有少数北欧国家仍在使用；乙二醇型冷却液是用乙二醇作为防冻剂，并添加少量抗泡沫、防腐蚀等综合添加剂配制而成。由于乙二醇易溶于水，可以任意配成各种冰点的冷却液，其最低冰点可达−68℃，因此这种冷却液具有沸点高、泡沫倾向低、粘温性能好、防腐和防垢等特点，是一种较为理想的冷却液。目前国内外电机所使用的和市场上所出售的冷却液几乎都是乙二醇型冷却液。

（3）散热器。

散热器是汽车水冷电机冷却系统中不可缺少的重要部件，散热器由进水室、出水室及散热器芯三部分构成，如图5-2所示。冷却液在散热器芯内流动，空气在散热器外通过，热的冷却液由于向空气散热而变冷，冷空气则因为吸收冷却液散出的热量而升温。散热器一般安装在汽车最前端，车辆行驶过程中，冷空气可以更多地通过散热器。散热器安装位置如图5-3所示。

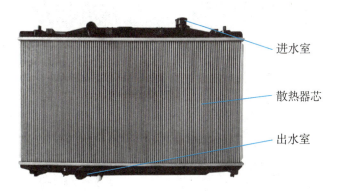

进水室
散热器芯
出水室

图5-2　散热器的结构

图5-3　散热器安装位置

散热器芯由许多细的冷却管和散热片构成，冷却管大多采用扁圆形截面，以减小空气阻力，增加传热面积。散热器芯部应具有足够的通流面积，让冷却液通过，也应具备足够的空气通流面积，让足量的空气通过以带走冷却液传给散热器的热量，还必须具有足够的散热面积，来完成冷却液、空气和散热片之间的热量交换。

（4）电动水泵。

电动水泵的主要作用是对冷却液加压，确保冷却液在管道中能循环流动。电动水泵与散热器和电机冷却水管相连接，通过控制器驱动水泵，调节水泵压力，把电机缸体水道内的热水泵出，把冷水泵入。

汽车电机广泛采用离心式水泵，其工作原理主要是利用离心力来实现冷却液的动力传输。当汽车的电机通过皮带轮或直接驱动的方式带动叶轮旋转时，叶轮会在内部形成一个低压区，这个区域会吸引外部的大气压对流进叶轮的水进行压缩，从而提高水的压力。高压水流从叶轮处喷出，同时叶轮中心处的压力降低，这时冷却液会被吸入叶轮，形成一个连续的流体循环过程。图 5－4 所示为吉利帝豪 EV450 电动水泵。

图 5－4　电动水泵

（5）散热器风扇。

散热器风扇安装在散热器后面，它们通常是由电机驱动的电动风扇，如图 5－5 所示。汽车电机在工作过程中会产生大量热能，如果不及时散热，就会导致过热，甚至损坏。因此，汽车电机需要通过循环流动将冷却剂带到散热器中进行散热，汽车风扇将散热器中的热量通过风冷的方式进行散热。

当汽车行驶时，风会通过散热器进行自然冷却。但在低速行驶或怠速情况下，这种冷却方式就不够了，需要通过风扇来增加风量，强制空气流过散热器，提高散热效率。散热器风扇一般由电机、叶片、风扇罩和控制模块等组成，如图 5－6 所示。电机驱动叶片旋转，产生风量，同时控制模块监测温度和车速等参数，根据需要控制风扇的转速

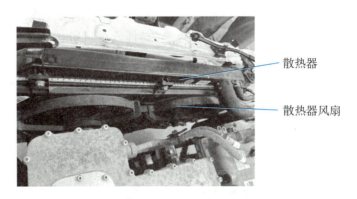

图 5-5　散热器风扇安装位置

和开启时间，当电机温度过高时，控制模块会发出指令让电机运转，使风扇带动空气流过散热器，从而进行散热。

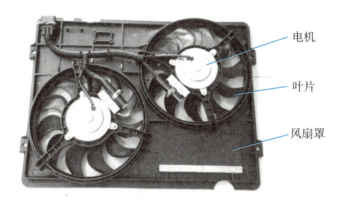

图 5-6　散热器风扇的结构

（6）冷却液温度传感器。

冷却液温度传感器安装在电机缸体水套或冷却液管路中，与冷却液接触，用来检测电机冷却液温度。冷却液温度传感器通常由一个负温度系数的电阻组成，随着温度的升高或降低，该电阻的电阻值会相应地减小或增大，对应的电阻值将被传输至控制器中，通过主控器计算出当前冷却液温度，从而根据冷却系统的控制策略对水泵及风扇进行相应的控制。

（7）水管及冷却水套。

液冷系统的封闭式循环通道一般使用橡胶软管与其他部件内部水道相连接。各个软管与部件连接处如产生漏水问题会造成短路、漏电以及烧毁的危险，因此水冷系统对水道的密封性和耐腐蚀性有非常高的要求。

2. 驱动电机冷却系统的工作原理

驱动电机冷却系统（液冷散热）通过电动水泵运转带动管路中冷却液的循环流动，使冷却液带走电机部件工作时产生的热量，在散热器里与外界冷空气进行热交换。

驱动电机冷却系统的工作原理如图5-7所示。电动水泵工作后，冷却液从电动水泵流过电机控制器、车载充电机、驱动电机、散热器，再回到电动水泵，循环往复。在循环过程中，冷却液带走电机控制器、车载充电机、驱动电机工作时产生的热量，冷却液温度升高并膨胀，溢出的冷却液经过溢流管进入膨胀水箱，当温度下降时，冷却液由膨胀水箱经过三通阀进入冷却管路。温度升高的冷却液流入散热器后，一部分热量由散热器片与外界冷空气交换，同时，根据冷却液温度传感器的数据，控制器控制散热风扇的风量，加速冷却液的降温。电机控制器还会根据冷却策略，控制电动水泵的功率，控制冷却液的流速，以达到快速降温的目的。

图5-7中，驱动电机冷却系统的管路中右半部分是对新能源汽车高压电池的冷却，电池冷却回路中有单独的电动水泵及散热器，两个冷却回路通过三通阀连接，由控制器控制三通阀的导通。

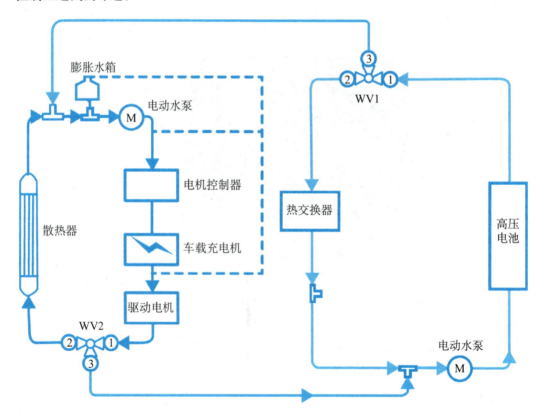

图5-7　驱动电机冷却系统的工作原理

三、驱动电机冷却系统的控制原理

驱动电机冷却系统控制部分包括整车控制器对电动水泵、散热器风扇的控制。当汽车开始运行时，电机控制器及车载充电机通过P-CAN将温度信息及热管理启动管理信号等发送至整车控制器，整车控制器根据控制策略导通风扇继电器、水泵继电器，启动散热器风扇、电动水泵，使驱动电机冷却系统开始工作。驱动电机冷却系统电气原理框图如图 5-8 所示。

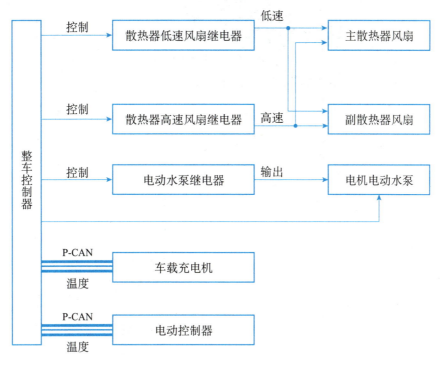

图 5-8　驱动电机冷却系统电气原理框图

1. 电动水泵的控制原理

以吉利帝豪 EV450 为例，电动水泵控制电路如图 5-9 所示。控制电路主要由整车控制器（VCU）、电动水泵继电器（ER04）、电动水泵及其他线路组成。当驱动电机温度大于 60℃时，整车控制器（VCU）接收到电机控制器发出的车辆热管理启动信号，整车控制器（VCU）从端子 CA67/115 输出低电平，电动水泵继电器（ER04）线圈通电，开关触点闭合，B＋电压通过保险丝 EF06 连接到电动水泵 BV14/3 端子，为电动水泵提供工作电源。当驱动电机温度低于 50℃时，整车控制器（VCU）接收到电机控制器发出的车辆热管理关闭信号，整车控制器（VCU）从端子 CA67/115 输出高电平，电动水泵继电器（ER04）线圈断电，开关触点断开，电动水泵断开，停止工作。

整车控制器（VCU）的另一个端子 CA67/83 用于检测电动水泵电源的状态。当 CA67/83 检测电压正常时，说明电动水泵供电正常。如果 CA67/83 检测电压为低电平，则可判断电动水泵工作电压异常，电动水泵无法正常工作，整车控制器（VCU）生成故障码上报。

整车控制器（VCU）根据电机控制器发送的热管理请求信号及热管理等级后，从端子 CA67/101 输出一个 PWM 信号到电动水泵端子 BV14/2，电动水泵接收到 PWM 信号后，根据 PWM 信号的占空比变化，输出不同转速，占空比越大，输出的转速越高，冷

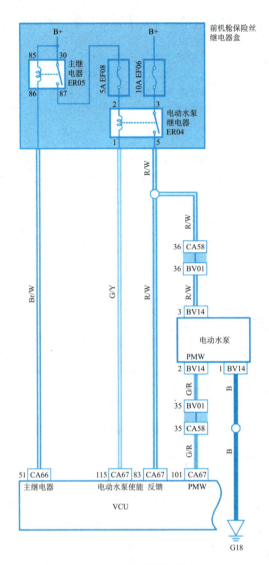

图 5-9　电动水泵控制电路

却液循环的速度越快。当电动水泵的电源信号正常，接收到的 PWM 信号异常时，电动水泵会将输出转速设置到最大，防止电机过热，确保驱动电机系统的正常运行。当电动水泵控制电路中出现故障导致电动水泵无法正常工作时，冷却液不能及时对驱动电机进行散热，会导致电控系统检测到温度异常，车辆启动功率受限，无法加速，严重时可导致车辆停止运行。

2. 冷却风扇的控制原理

以吉利帝豪 EV450 为例，冷却风扇控制电路如图 5-10 所示。冷却风扇控制电路由两个冷却风扇、两个风扇继电器（ER12、ER13）、整车控制器（VCU）及线路组成。冷却风扇采用双风扇、高低速的控制模式，通过两个不同的电机驱动扇叶。冷却风扇由整车控制器（VCU）利用冷却风扇低速继电器和冷却风扇高速继电器直接控制，在低速电路中，采用串联调速电阻的方式来改变风扇的转速。

当电机温度大于 75℃时，整车控制器（VCU）接收到电机控制器的低等级的热管理启动信号，端子 CA67/128 输出低电平，低速风扇继电器（ER12）线圈导通，触点闭合，B＋电压通过保险丝 SF08 给冷却风扇 1 的 CA30b/1 端子和冷却风扇 2 的 CA31/1 端子供电。冷却风扇 1 和冷却风扇 2 内部通过两个电阻限流，风扇电机以一个较低的转速旋转。

当电机温度低于 70℃时，整车控制器（VCU）接收到电机控制器的低等级的热管理关闭信号，端子 CA67/128 输出高电平，低速风扇继电器（ER12）线圈断电，触点断开，冷却风扇 1 和冷却风扇 2 断开电源，停止工作。

当电机温度大于 80℃时，整车控制器（VCU）接收到电机控制器的高等级的热管理启动信号，端子 CA67/127 输出低电平，高速风扇继电器（ER13）线圈导通，触点闭合，B＋电压通过保险丝 SF08 给冷却风扇 1 的 CA30b/2 端子和冷却风扇 2 的 CA31/2 端子直接给冷却风扇 1 和冷却风扇 2 电机供电，风扇电机高速旋转。

当电机温度小于 75℃时，整车控制器（VCU）接收到电机控制器的高等级的热管理关闭信号，端子 CA67/127 输出高电平，高速风扇继电器（ER13）线圈断电，触点断开，冷却风扇 1 和冷却风扇 2 高速旋转路径断开，此时，风扇低速旋转路径仍能导通。

整车控制器（VCU）通过检测端子 CA66/10 和 CA66/11 的电压，判断高速风扇继电器和低速风扇继电器的工作状态。如果整车控制器（VCU）接收到打开继电器的信号，对应的继电器输出电压 B＋说明继电器工作正常；如果没有检测到正确的电压值，则判断继电器工作异常，整车控制器（VCU）内部产生故障码。

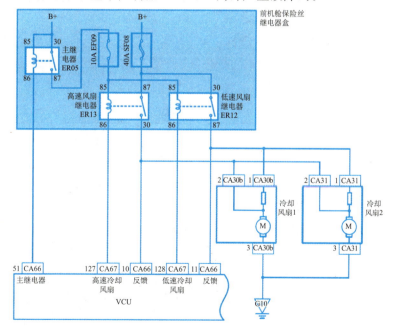

图 5-10 冷却风扇控制电路

素养园地

1993 年，王树军成为潍柴动力股份有限公司的一名车间机床维修工。手握钳具、调修设备，很多人觉得枯燥，但他觉得很有趣："每个零件都是独立的个体，经过我们的手，它们摩擦、碰撞、重组，诞生出一个新形态。这不是很有意思吗？"

从 1993 年入职起，近 30 年来，他一直扎根基层从事装备维护管理工作，专心致志地与设备打交道。出自工人家庭的他，身上带着中国工人阶级从不服输的犟劲。在国外加工中心生产厂家垄断的精密部件维修领域，他潜心研究，大胆尝试，创新操作法，解决外商"卡脖子"问题。王树军带领创新团队，先后升级各类设备 20 台，自制设备 33 台，制造改制工装 216 套，优化刀具 79 种，每年创造直接经济效益 1.44 亿元。他的团队攻克的海勒加工中心光栅尺气密保护设计缺陷，填补了国内空白，成为中国工匠勇于挑战进口设备的经典案例；独创的"垂直投影逆向复原法"，解决了进口加工中心定位精度为千分之一度的 NC 转台锁紧故障，打破了国际技术封锁和垄断。

任务实施

1. 设备及工具

吉利帝豪 EV450 实训车辆 4 台，驱动电机冷却系统台架 4 套。

2. 分配任务

每 5~8 人为一组，选出 1 名组长、1 名记录员，组长对小组任务进行分工，记录员负责任务进度以及和其他组进行沟通，组员按组长要求完成相关任务。具体任务要求如下：

(1) 任务一：维修作业前准备工作。

任务开始前，组长带领各组员对防护装备、绝缘工具、高压指示牌等进行检查，检查项目见表 5-1，并记录检查结果。

表 5-1　安全防护确认表

检查内容	记录检查结果
防护用具是否破损、缺失	
绝缘工具是否齐全、完好	
任务现场是否有高压警示标志	
是否需要拆卸维修开关以及维修开关放置位置	

(2) 任务二：吉利帝豪 EV450 驱动电机冷却系统认知，在实车上找到下列部件，见表 5-2，并记录部件名称。

表5-2 冷却系统部件认知记录表

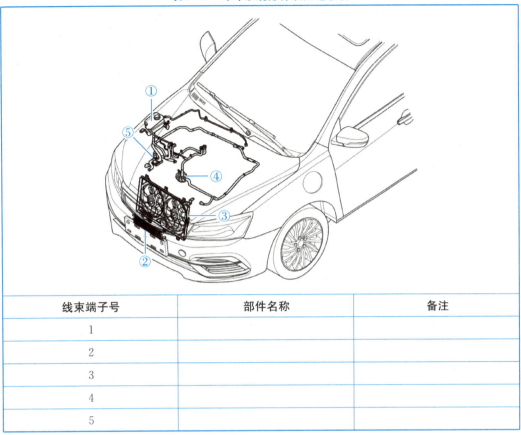

线束端子号	部件名称	备注
1		
2		
3		
4		
5		

（3）任务三：认识吉利帝豪 EV450 驱动电机冷却系统中冷却液流动方向，并将流经的部件名称记录在表5-3中。

表5-3 冷却系统冷却液流动方向记录表

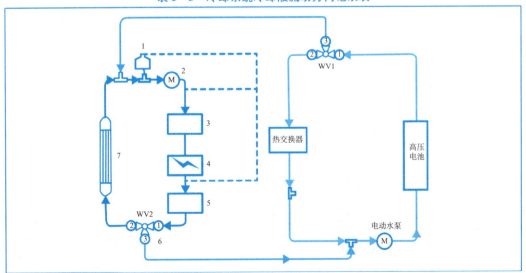

续表

序号名称	部件名称
1	
2	
3	
4	
5	
6	
7	

3. 注意事项

（1）检测作业涉及高压系统，决不能带电操作，对高压系统进行检测时，穿戴好个人防护工具，按标准流程规范操作。

（2）任务结束后，需要对车辆及相应工位进行 6S 管理。

4. 任务工单

任务工单见表 5-4。

表 5-4　任务工单

任务名称					
姓名		班级		学号	
任务地点		任务时间		日期	
设备及工具					
	工作计划			任务结果	
任务一					
任务二					
任务三					
根据任务结果写出整改建议或学习计划					

学习测试

一、填空题

1. 驱动电机在工作中将电能转化为_____能，在这个过程中会产生热量，可以通过_____方式来减少发热给电机造成的损害。

2. 驱动电机冷却系统类型主要分为_____、_____和_____三种。

3. 散热风扇一般安装在_____后面。

二、判断题

1. 自然散热的方式冷却效率低，适用于转速低、负载小、电机发热量较小的小型电机。（　　）

2. 当冷却系统处于冷态时，膨胀水箱内的冷却液面没有要求。（　　）

3. 驱动电机冷却系统中电动水泵的输出功率可以根据整车控制器发出的信号进行调节。（　　）

三、选择题

1. 驱动电机冷却系统中整车控制器输出的执行部件有（　　）。
   A. 电动水泵　　　B. 电机控制器　　C. 散热器风扇　　D. 膨胀水箱

2. 以吉利帝豪 EV450 为例，属于车型的冷却系统的部件有（　　）。
   A. 电动水泵　　　B. 电机控制器　　C. 散热器风扇　　D. 膨胀水箱

3. 吉利帝豪 EV450 的驱动电机冷却系统有（　　）个散热器风扇。
   A. 1　　　　　　　B. 2　　　　　　C. 3　　　　　　D. 4

任务 2　驱动电机冷却系统检测与故障诊断

知识储备

驱动电机冷却系统对驱动电机系统的部件进行冷却降温，驱动电机冷却系统的存在可以保证驱动电机的正常运行，提高驱动电机的使用寿命，是非常必要的辅助系统。当驱动电机冷却系统存在故障时，可能会导致电机功率被限制，车辆无法正常加速，严重时可能导致电机不工作。因此能够对驱动电机冷却系统故障进行诊断与排除是非常重要的技能。通过本任务的学习，读者能加深对驱动电机冷却系统及其控制技术的理解，提高解决驱动电机冷却系统部分故障的能力。

知识微课堂

电动机过温
故障诊断

一、驱动电机冷却系统日常维护

驱动电机冷却系统日常维护的主要内容有冷却液是否在标准限位内、冷却液是否要更换、冷却管路是否存在漏液情况。

目前大多数车辆使用乙二醇型冷却液，可以降低冷却液冰点，提高冷却液沸点，满足车辆各种使用工况。在车辆使用过程中，冷却液中添加的防锈剂和泡沫抑制剂会逐渐消耗，因此需要定期更换冷却液。通常冷却液中会加入着色剂，比较常见的为红色或蓝绿色。

正确使用冷却液能够使驱动电机冷却系统处于最佳状态，保证驱动电机及电机控制器的正常工作温度。

1. 冷却液液位检查

（1）车辆静置于水平地面，等待电机冷却。

（2）打开车辆前机舱盖，检查膨胀水箱中冷却液液位，"F"为冷却液上限标记，"L"为冷却液下限标记。如图5-11所示，冷却液位于"F"和"L"之间为正常状态，如果冷却液低于"L"位置，则需要添加冷却液。

图5-11　冷却液液位指示

2. 添加驱动电机冷却液

（1）车辆静置于水平地面，等待电机与膨胀水箱冷却。

（2）打开前机舱盖，铺好垫布。

（3）拧开驱动电机膨胀水箱盖，添加驱动电机冷却液至最高液位，并拧紧膨胀水箱盖，如图5-12所示。

（4）启动车辆，无故障出现，然后断电。

二、驱动电机冷却系统典型故障诊断与排除

以吉利帝豪EV450驱动电机冷却系统故障为例，介绍新能源汽车驱动电机冷却系统的检修方法。

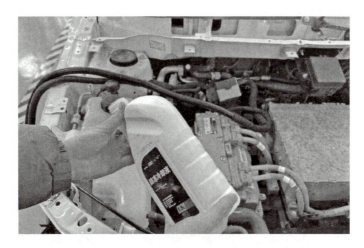

图 5 - 12   添加驱动电机冷却液

1. 故障现象

车辆启动后,仪表盘出现故障,怠速运行一段时间后,仪表信息如图 5 - 13 所示。

图 5 - 13   仪表信息

2. 故障分析

(1) 将诊断仪的 OBD 诊断接口与汽车进行连接,打开汽车电源开关至"ON"挡,如图 5 - 14 所示。

(2) 打开解码仪进行故障码的读取,如图 5 - 15 所示。解码仪读取出 1 个与冷却系统相关的故障码:"P100811:高速风扇(VCU 控制的信号开路或短路到地)"。

(3) 根据故障码查找维修手册以及相关电路图,驱动电机高速风扇控制电路如图 5 - 16 所示。

根据电路图分析故障原因:①保险丝熔断;②高速风扇继电器故障;③控制线路故障;④整车控制器故障。

3. 故障诊断

(1) 测量汽车蓄电池电压。

1) 操作启动开关使电源模式至"OFF"挡。

2) 用万用表测量蓄电池电压(标准值:11~14V)。

(2) 检查整车控制器保险丝 EF09、SF08 是否熔断。

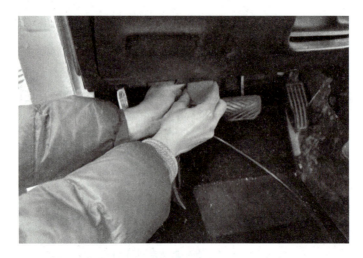

图 5 - 14　诊断仪 OBD 接口与汽车连接

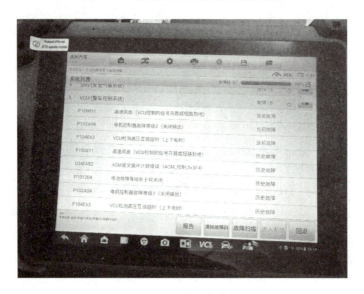

图 5 - 15　读取故障码

1) 操作启动开关使电源模式至"OFF"挡。

2) 拔下保险丝 EF09，检查熔丝是否熔断（熔丝额定容量：10A）。

3) 正常则进行下一步检查，异常则检修熔丝电路，更换额定容量熔丝。

4) 拔下保险丝 SF08，检查熔丝是否熔断（熔丝额定容量：40A）。

5) 正常则进行下一步检查，异常则检修熔丝电路，更换额定容量熔丝。

（3）检查高速风扇继电器是否存在故障。

1) 操作启动开关使电源模式至"OFF"挡。

2) 拔下高速风扇继电器 ER13，检查 85 与 86 引脚之间的电阻值是否正常（标准值：100Ω 左右）。阻值过大说明继电器线圈断路，阻值为零说明继电器线圈短路。

3) 正常则进行下一步检查，高速风扇继电器 ER13 的 85 与 86 引脚间未通电时，

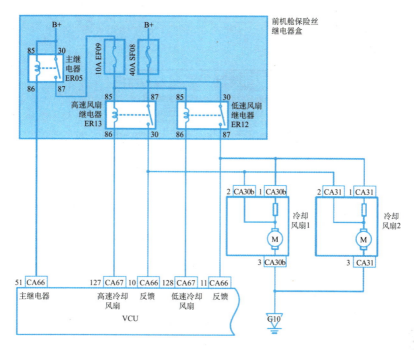

图 5-16 高速风扇控制电路

检查 87 与 30 引脚之间的电阻（标准值：∞），电阻过小说明继电器 87 与 30 引脚之间存在短路。高速风扇继电器 ER13 的 85 与 86 引脚间通电，检查 87 与 30 引脚之间的电压值（标准值：0～0.5V），电压过大说明继电器 87 与 30 引脚之间存在断路。异常情况下更换高速风扇继电器。

4) 检测条件不足的情况下，可以省略步骤 2) 和 3)，拔下高速风扇继电器，用相同型号的继电器取代，确认故障是否排除。

（4）检查整车控制器电源、接地之间的电压。

1) 操作启动开关使电源模式至"OFF"状态。

2) 断开整车控制器线束插接器 CA67。

3) 操作启动开关使电源模式至"ON"状态。

4) 用万用表测量电机控制器线束插接器 CA67 的 127 号端子与可靠接地之间的电压（标准电压：11～14V）。CA67 VCU 模块线束连接器端子排列序号如图 5-17 所示。

5) 正常则进行下一步检查，异常则修理或更换线束。

（5）检查散热器风扇接地电路。

1) 操作启动开关使电源模式至"OFF"状态。

2) 断开主散热器冷却风扇 1 线束连接器 CA30b。CA30b 冷却风扇 1 线束连接器端子排列序号如图 5-18 所示。

3) 断开主散热器冷却风扇 2 线束连接器 CA31。CA31 冷却风扇 2 线束连接器端子排列序号如图 5-19 所示。

4) 用万用表测量散热器冷却风扇 1 线束连接器 CA30b 的 3 号端子和车身可靠接地

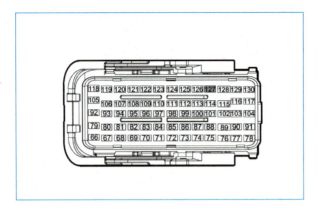

图 5 – 17　CA67 VCU 模块线束连接器

之间的电阻（标准电阻：小于 1Ω）。

　　5）用万用表测量散热器冷却风扇 2 线束连接器 CA31 的 3 号端子和车身可靠接地之间的电阻（标准电阻：小于 1Ω）。

　　6）正常则进行下一步检查，异常则修理或更换线束。

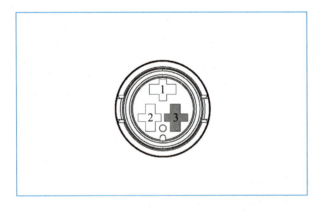

图 5 – 18　CA30b 冷却风扇 1 线束连接器

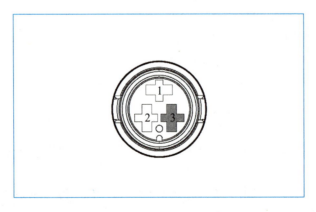

图 5 – 19　CA31 冷却风扇 2 线束连接器

（6）检查散热器风扇电源、接地之间的电压。

1）操作启动开关使电源模式至"OFF"状态。

2）断开主散热器冷却风扇 1 线束连接器 CA30b。

3）断开主散热器冷却风扇 2 线束连接器 CA31。

4）操作启动开关使电源模式至"ON"状态。

5）连接诊断仪，执行散热器风扇高速运转动作测试。或者用引线将整车控制器线束连接器 CA67 的 128 号端子与车身可靠接地连接。

6）用万用表测量散热器风扇线束连接器 CA30b 的 1 号端子和 3 号端子之间的电压值（标准值：11～14V）。

7）用万用表测量散热器风扇线束连接器 CA31 的 1 号端子和 3 号端子之间的电压值（标准值：11～14V）。

8）正常则进行下一步检查，异常则更换冷却风扇。

（7）检查散热高速继电器与散热器风扇之间的电路。

1）操作启动开关使电源模式至"OFF"状态。

2）断开主散热器冷却风扇 1 线束连接器 CA30b。

3）拆卸散热高速继电器 ER13。

4）用万用表测量散热器风扇线束连接器 CA30b 的 1 号端子和散热高速继电器 ER13 的 87 引脚（线束端）之间的电阻（标准值：小于 1Ω）。

5）用万用表测量散热器风扇线束连接器 CA31 的 1 号端子和散热高速继电器 ER13 的 87 引脚（线束端）之间的电阻（标准值：小于 1Ω）。

6）正常则进行下一步检查，异常则修理或更换线束。

（8）检查散热高速继电器与整车控制器之间的电路。

1）操作启动开关使电源模式至"OFF"状态。

2）断开整车控制器线束连接器 CA66，CA66 VCU 模块线束连接器 A 端子排列序号如图 5 - 20 所示。

3）拆卸散热高速继电器 ER13。

4）用万用表测量整车控制器线束连接器 CA66 的 10 号端子和散热高速继电器 ER13 的 30 引脚（线束端）之间的电阻（标准值：小于 1Ω）。

5）正常则进行下一步检查，异常则修理或更换线束。

（9）更换整车控制器。

1）操作启动开关使电源模式至"OFF"状态。

2）断开蓄电池负极电缆。

3）更换整车控制器。

4）确认故障排除。

经过上述步骤，故障排除，维修结束。

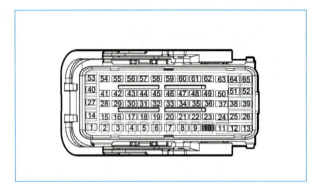

图 5 – 20　CA66 VCU 模块线束连接器

 任务实施

1. 设备及工具

吉利帝豪 EV450 实训车辆 4 台，驱动电机冷却系统台架 4 套。

2. 分配任务

每 5～8 人为一组，选出 1 名组长、1 名记录员，组长对小组任务进行分工，记录员负责任务进度以及和其他组进行沟通，组员按组长要求完成相关任务。具体任务要求如下：

（1）任务一：维修作业前准备工作。

任务开始前，组长带领各组员对防护装备、绝缘工具、高压指示牌等进行检查，检查项目见表 5-5，并记录检查结果。

表 5 – 5　安全防护确认表

检查内容	记录检查结果
防护用具是否破损、缺失	
绝缘工具是否齐全、完好	
任务现场是否有高压警示标志	
是否需要拆卸维修开关以及维修开关放置位置	

（2）任务二：按照表 5 - 6 中步骤完成吉利帝豪 EV450 整车或台架电动水泵的更换。

表 5 – 6　电动水泵更换步骤

步骤	是否完成
拆卸步骤	
1. 打开前机舱盖。	□ 是　□ 否
2. 断开蓄电池负极。	□ 是　□ 否

续表

步骤	是否完成
3. 拆卸电动水泵进水管、出水管、连接器。 （1）断开电动水泵线束连接器。 （2）拆卸电动水泵与水泵出水管的连接卡箍，脱开水泵出水管。 （3）拆卸电动水泵与水泵进水管的连接卡箍，脱开水泵进水管。	□是　□否
4. 拆卸电动水泵支架上的固定螺母，取下电动水泵总成。	□是　□否
安装步骤	
1. 安装电动水泵（电池），放置电动水泵，安装电动水泵支架上固定螺母（力矩：9N·m）。	□是　□否

续表

步骤	是否完成
2. 安装电动水泵进水管、出水管、连接器。 （1）连接电动水泵与水泵进水管，用卡箍紧固。 （2）连接电动水泵与水泵出水管，用卡箍紧固。 （3）连接电动水泵线束连接器。 注意：插接时注意"一插、二响、三确认"。 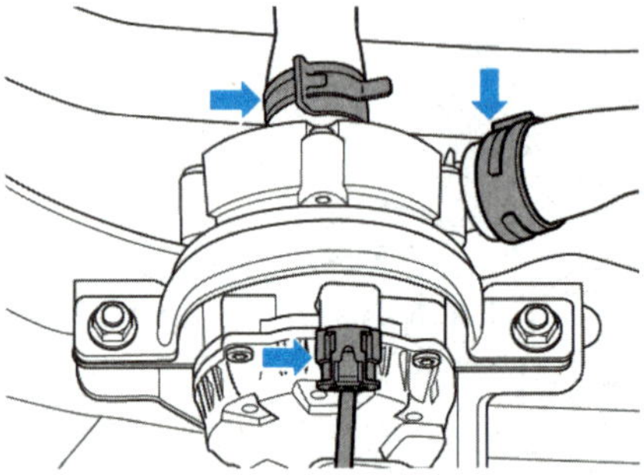 	□ 是　　□ 否
3. 安装机舱底部护板总成。	□ 是　　□ 否
4. 加注冷却液。	□ 是　　□ 否
5. 连接蓄电池负极电缆。	□ 是　　□ 否
6. 关闭前机舱盖。	□ 是　　□ 否

（3）任务三：按照表 5-7 中步骤排除吉利帝豪 EV450 整车或台架冷却风扇低速挡不运转故障。

表 5-7　冷却风扇控制电路

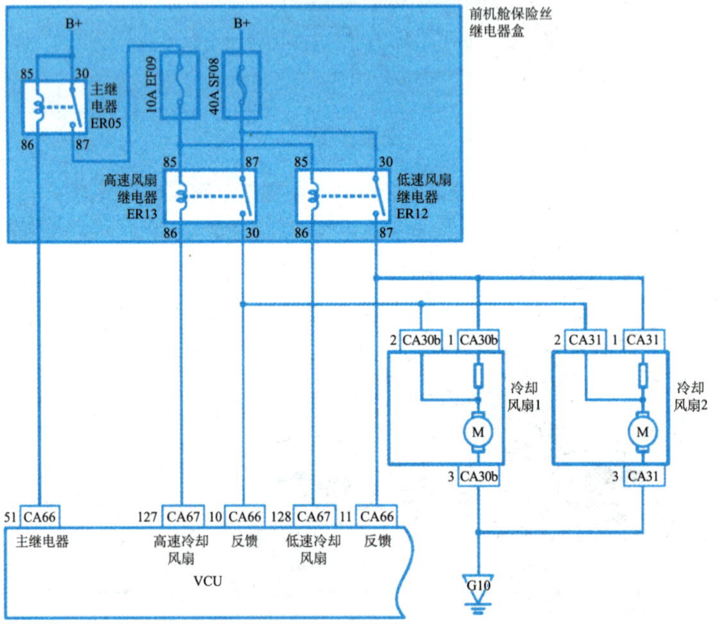

续表

步骤	测量结果
1. 测量汽车蓄电池电压。 (1) 操作启动开关使电源模式至"OFF"挡。 (2) 用万用表测量蓄电池电压（标准值：11～14V）。	□ 正常　□ 异常
2. 检查整车控制器保险丝 EF09、SF08 是否熔断。 (1) 操作启动开关使电源模式至"OFF"挡。 (2) 拔下保险丝 EF09，检查熔丝是否熔断（熔丝额定容量：10A）。 (3) 正常则进行下一步检查，异常则检修熔丝电路，更换额定容量熔丝。 (4) 拔下保险丝 SF08，检查熔丝是否熔断（熔丝额定容量：40A）。 (5) 正常则进行下一步检查，异常则检修熔丝电路，更换额定容量熔丝。	□ 正常　□ 异常
3. 检查高速风扇继电器是否有故障。 (1) 操作启动开关使电源模式至"OFF"挡。 (2) 拔下高速风扇继电器，用相同型号的继电器取代，确认故障是否排除。	□ 正常　□ 异常
4. 检查整车控制器电源、接地之间的电压。 (1) 操作启动开关使电源模式至"OFF"状态。 (2) 断开整车控制器线束插接器 CA67。 (3) 操作启动开关使电源模式至"ON"状态。 (4) 用万用表测量电机控制器线束插接器 CA67 的 127 号端子与可靠接地之间的电压（标准电压：11～14V）。 (5) 正常则进行下一步检查，异常则修理或更换线束。	□ 正常　□ 异常
5. 检查散热器风扇接地电路。 (1) 操作启动开关使电源模式至"OFF"状态。 (2) 断开主散热器冷却风扇 1 线束连接器 CA30b。 (3) 断开主散热器冷却风扇 2 线束连接器 CA31。 (4) 用万用表测量散热器冷却风扇 1 线束连接器 CA30b 的 3 号端子和车身可靠接地之间的电阻（标准电阻：小于1Ω）。 (5) 用万用表测量散热器冷却风扇 2 线束连接器 CA31 的 3 号端子和车身可靠接地之间的电阻（标准电阻：小于1Ω）。 (6) 正常则进行下一步检查，异常则修理或更换线束。	□ 正常　□ 异常
6. 检查散热器风扇电源、接地之间的电压。 (1) 操作启动开关使电源模式至"OFF"状态。 (2) 断开主散热器冷却风扇 1 线束连接器 CA30b。 (3) 断开主散热器冷却风扇 2 线束连接器 CA31。 (4) 操作启动开关使电源模式至"ON"状态。 (5) 连接诊断仪，执行散热器风扇高速运转动作测试。或者用引线将整车控制器线束连接器 CA67 的 128 号端子与车身可靠接地连接。 (6) 用万用表测量散热器风扇线束连接器 CA30b 的 1 号端子和 3 号端子之间的电压值（标准值：11～14V）。 (7) 用万用表测量散热器风扇线束连接器 CA31 的 1 号端子和 3 号端子之间的电压值（标准值：11～14V）。 (8) 正常则进行下一步检查，异常则更换冷却风扇。	□ 正常　□ 异常

续表

步骤	测量结果
7. 检查散热高速继电器与散热器风扇之间的电路。 (1) 操作启动开关使电源模式至"OFF"状态。 (2) 断开主散热器冷却风扇 1 线束连接器 CA30b。 (3) 拆卸散热高速继电器 ER13。 (4) 用万用表测量散热器风扇线束连接器 CA30b 的 1 号端子和散热高速继电器 ER13 的 87 引脚（线束端）之间的电阻（标准值：小于 1Ω）。 (5) 用万用表测量散热器风扇线束连接器 CA31 的 1 号端子和散热高速继电器 ER13 的 87 引脚（线束端）之间的电阻（标准值：小于 1Ω）。 (6) 正常则进行下一步检查，异常则修理或更换线束。	□ 正常　□ 异常
8. 检查散热高速继电器与整车控制器之间的电路。 (1) 操作启动开关使电源模式至"OFF"状态。 (2) 断开整车控制器线束连接器 CA66。 (3) 拆卸散热高速继电器 ER13。 (4) 用万用表测量整车控制器线束连接器 CA66 的 10 号端子和散热高速继电器 ER13 的 30 引脚（线束端）之间的电阻（标准值：小于 1Ω）。 (5) 正常则进行下一步检查，异常则修理或更换线束。	□ 正常　□ 异常
9. 更换整车控制器。 (1) 操作启动开关使电源模式至"OFF"状态。 (2) 断开蓄电池负极电缆。 (3) 更换整车控制器。 (4) 确认故障排除。	□ 正常　□ 异常

3. 注意事项

（1）成员准备器材、测量端子、测量线束时，请注意不要拥挤，以免发生磕碰意外。

（2）任务结束后，需要对车辆及相应工位进行 6S 管理。

4. 任务工单

具体任务工单见表 5-8。

表 5-8　任务工单

任务名称					
姓名		班级		学号	
任务地点		任务时间		日期	
设备及工具					
工作计划				任务结果	
任务一					

续表

工作计划		任务结果
任务二		
任务三		
根据任务结果写出整改建议或学习计划		

学习测试

一、填空题

1. 膨胀水箱冷却液的高度应保持在_____和_____ 之间。

2. 电动水泵的主要功能是_____，保证其在冷却系统中不断地循环流动。

3. 冷却风扇由 VCU 利用冷却风扇_____继电器和冷却风扇_____继电器直接控制。

二、判断题

1. 当驱动电机冷却系统存在故障时，可能会导致电机限功率，车辆无法正常加速，严重时可能导致电机不工作。（   ）

2. 车辆停止后，冷却液自动冷却并收缩，自动排入膨胀水箱。（   ）

3. 大多数车辆使用乙二醇型冷却液，可以降低冷却液冰点，提高冷却液沸点。（   ）

三、选择题

1. 拆卸电动水泵时，首先需要断开（   ）负极。

　　A. 电机控制器　　　B. 整车控制器　　　C. 蓄电池　　　　D. 电动水泵

2. 驱动电机冷却系统故障分析过程中可以做的操作有（　　）。

　　A. 读取故障码　　　　　　　　　B. 读取相关数据流

　　C. 测试相关功能　　　　　　　　D. 电源开关至"OFF"挡

3. 放置电动水泵，安装电动水泵螺栓，紧固力矩为（　　）。

　　A. 1N·m　　　　B. 9N·m　　　　C. 50N·m　　　　D. 90N·m

项目小结

　　本项目主要对驱动电机冷却系统原理认知、驱动电机冷却系统检测与故障诊断两个任务进行了学习。驱动电机冷却系统原理认知中主要学习新能源汽车驱动电机冷却系统的作用及类型、驱动电机冷却系统的结构及工作原理、驱动电机冷却系统的控制原理。驱动电机冷却系统检测与故障诊断中主要学习了解码仪读取驱动电机冷却系统数据流及故障码，以及吉利帝豪 EV450 控制器冷却系统的故障诊断与排除。

　　通过本项目的学习，学生可以较全面地掌握驱动电机冷却系统的组成、工作原理及故障诊断与排除。通过项目实施，学生可以更好地理解驱动电机冷却系统检测与故障诊断，培养分析问题及解决问题的能力。

参考文献

［1］吴常红．新能源汽车驱动电机及控制系统检修［M］．北京：机械工业出版社，2023．

［2］王景智，梁东确，江军．新能源汽车驱动电机及控制系统检修［M］．北京：机械工业出版社，2023．

［3］郭化超，邸玉峰．新能源汽车驱动电机及控制技术［M］．北京：机械工业出版社，2023．

［4］李仕生，张科．新能源汽车驱动电机及控制系统检修［M］．北京：机械工业出版社，2022．

［5］中车云商（北京）信息技术有限公司，广东凌泰教育资源股份有限公司．新能源汽车驱动电机技术［M］．北京：机械工业出版社，2023．

［6］钟再敏．车用驱动电机原理与控制基础［M］．北京：机械工业出版社，2021．

［7］何忆斌，侯志华．新能源汽车驱动电机技术［M］．2版．北京：机械工业出版社，2021．

［8］叶勇，吕丕华，许智达，中德诺浩（北京）教育科技股份有限公司．新能源汽车驱动电机及控制系统检修［M］．北京：高等教育出版社，2023．